《评估指南》背景下幼儿园保育教育

幼小衔接

主编◎徐曼丽　陈晓鹭　韩　志

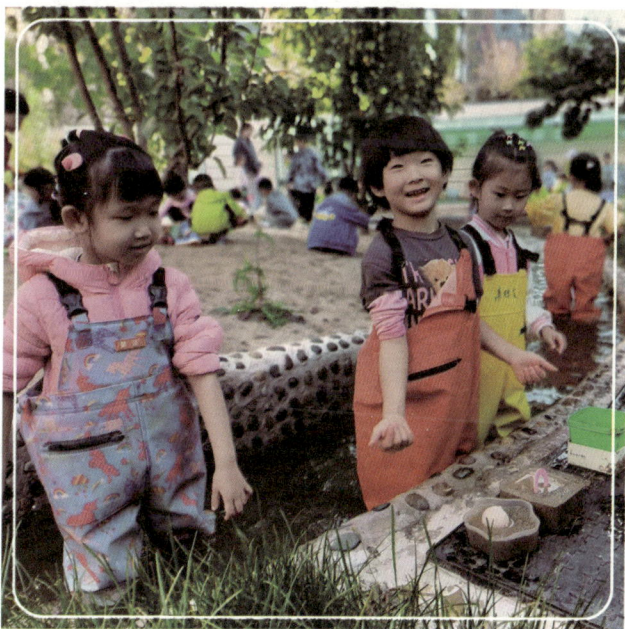

中国出版集团有限公司

世界图书出版公司
北京　广州　上海　西安

序

学前教育工作是一项奠基工程，也是一项未来工程。办好学前教育，关系亿万儿童健康成长，关系社会和谐稳定，关系党和国家事业未来。

党的十九大提出，要在"幼有所育""幼有优育"上不断取得新进展，习近平总书记就学前教育改革发展多次作出重要批示。我国已经进入高质量发展阶段，党的十九届五中全会从国家层面提出了建设高质量教育体系的要求。由此，学前教育已真正成为高质量教育体系的有机组成部分。

"十四五"是学前教育从高速增长向高质量发展转型的关键期，即从公益普惠向优质发展。为此，我们应根据高质量的要求，深入思考学前教育改革和发展中关于"培养什么人、怎样培养人、为谁培养人"的根本问题。2022年2月，教育部印发《幼儿园保育教育质量评估指南》（以下简称《评估指南》）指出，坚持社会主义办园方向，践行立德树人的使命，树立科学评价导向，推动构建科学保教体系，整体提升幼儿园办学水平和保教质量。《评估指南》首次将"品德启蒙"列入幼儿园"办园方向"关键指标，幼儿品德启蒙教育的重要性愈加凸显。

幼儿教育除了文化启蒙，更重要的是良好品德的培养，对于幼儿个体成长与发展具有重要的奠基作用。

《评估指南》颁布两年以来，各地纷纷响应，践行文件精神。但是很多幼儿园依然无法理解和参透《评估指南》的精髓，无法真正落实其精神，不知如何在保育教育中践行。在现实执行过程中文件是文件，保教过程是保教过程，两者出现了剥离，前者成了用来学习的理论，并没有很好地引导后者质量的提高。

怎样在两者之间架起联系的桥梁，让文件的精神落实在保教过程中，更契合一线工作者的需求呢？

本书立足幼儿品德启蒙教育探索与研究，以习近平新时代中国特色社会主义思想为引领，贯彻《新时代幼儿园教师职业行为十项准则》和《评估指南》，从《评估指南》中提取品德教育、保育工作、运动健康、安全工作、一日生活、幼小衔接、师幼互动、家园共育、环境创设、园本教研十个核心方面，分别进行阐述，其内容全面，涉及幼儿园工作的各个方面；每册目标鲜明、主题突出、论述亲切、可读，案例选材经典、主题深入、分析精练，有利于教师灵活使用。

为了增强可读性、时效性和操作性，图书中的案例作者以幼儿园一线教师为主，事件是发生在实际生活中的，建议是基于成功经验的总结和提升的，他们能够以理论为工具，对教育行为和实践进行对照分析，每个案例的说明，都以落实《评估指南》为目标，能尽快提高师德素养与保教能力，也有助于幼儿家长等社会人士了解幼儿品德启蒙教育的相关知识与技巧。

希望本书能够引起广大教师的共鸣，为幼儿品德启蒙教育实践提供借鉴与指导。让《评估指南》不再是文字要求，而是行为自觉。

希望这本书能给幼教工作者们以启发，也希望对幼儿园品德课程改革起到引领、启迪和借鉴的作用。

杨雅清

前言

　　本书聚焦幼儿园适应指导，致力于帮助幼儿顺利完成从幼儿园到小学的过渡。基于《评估指南》《幼儿园教育指导纲要（试行）》（以下简称《纲要》）和《3～6岁儿童学习与发展指南》（以下简称《指南》），详细阐述了幼儿园适应指导的要点，包括《评估指南》的核心原则与要求、对幼小衔接的意义及幼儿入学关键素质等。同时深入探讨了《评估指南》背景下幼小衔接的重要性，如义务教育新课标与学前教育的关联、八大能力培养和家长焦虑问题。本书还全面展现了幼儿入学准备关键素质，涵盖身心准备、生活准备、社会准备和学习准备等方面，并通过丰富的案例加以说明。此外，本书对家园合作的内容与重要性进行了深入剖析，从多个角度探讨如何实现家园共育。

　　希望本书能成为幼儿园教师和家长在幼儿教育及幼小衔接工作中的有力帮手，助力幼儿健康成长。

目录

第一章　幼儿园适应指导要点概述

第二章　《评估指南》背景下幼小衔接的重要性

第三章　幼儿入学准备关键素质

第四章　家园合作

附录：评估量表

参考文献

微信扫码
AI 教学助手
内容图谱
知识图卡
保育笔记

第一章
幼儿园适应指导要点概述

第一节　解读《评估指南》的核心原则与要求

一、研究背景

　　我国学前教育已进入一个全面提升保教质量的新的历史时期，面向未来发展的幼儿园保教实践的正确走向，《评估指南》的印发，推动了各地健全科学的幼儿园保育教育质量评估体系，而要全面落实《评估指南》，深度解读该文件的核心原则与要求至关重要。

　　《评估指南》总体要求中明确提出了要"切实扭转不科学的评估导向"。这就要求各地在贯彻和落实《评估指南》的过程中，要对目前的评估行为进行反思。对此《评估指南》也给出了明确的提示，那就是总体要求中提到的四条基本原则：坚持正确方向，坚持儿童为本，坚持科学评估，坚持以评促建。

二、专家解读

　　1. 坚持正确方向。"坚持社会主义办园方向，践行为党育人、为国育才使命，树立科学评价导向，推动构建科学保育教育体系，整体提升幼儿园办园水平和保育教育质量。"

中国学前教育研究会第九届理事会理事长侯莉敏提出,《评估指南》进一步强化了落实立德树人根本任务,贯彻落实了培养什么人、怎样培养人、为谁培养人的科学质量观。在幼儿园保教质量发展方面完善了立德树人的落实机制,有效促进了幼儿园全面贯彻党的教育方针,强化了党组织战斗堡垒作用,确保了学前教育正确的办园方向。

2. 坚持儿童为本。"尊重幼儿年龄特点和成长规律,注重幼儿发展的整体性和连续性,坚持保教结合,以游戏为基本活动,有效促进幼儿身心健康发展。"

侯莉敏指出,学前教育作为一个相对特殊的教育阶段,其教育内容和教育方式与其他阶段存在本质区别,这是由其教育对象的身心发展规律决定的。只有以幼儿的现实的、全面的、协调的发展和未来的可持续的、终身的发展为出发点与落脚点,才可以进一步推动树立科学保教理念,真正实现学前教育为儿童终身发展奠基的目标。

3. 坚持科学评估。完善评估内容,突出评估重点,改进评估方式,切实扭转"重结果轻过程、重硬件轻内涵、重他评轻自评"等倾向。

华东师范大学教育学部教授华爱华认为,"坚持科学评估"是最根本的。只有在评估过程中把正确的办园方向放在首位,以儿童的立场去检验保教实践，评估的结果才可以推动保教质量的持续提升。

深圳市教育学院副教授时萍提出，过程性质量评估，关注的要点不再是一眼就能看到的那些是或否的现象，而是需要通过系统观察、思考去发现那些反映教育过程的行为，这些行为背后是否蕴含着儿童为本的教育理念，是否有着为达成教育目标而采取的以儿童为本的教育方法，将成为我们评估保教质量的重点。

4.坚持以评促建。"充分发挥评估的引导、诊断、改进和激励功能，注重过程性、发展性评估，引导办好每一所幼儿园，促进幼儿园安全优质发展。"

中国学前教育研究会副理事长刘占兰认为，《评估指南》具有"增值性评价"的视角，强调评估的激励引导作用及评估结果的运用，强化幼儿园自我评估和行为改进。同时，文件提出在评估方式上要关注幼儿园提升保教水平的努力程度和改进过程；强化幼儿园的自我评估，通过集体诊断、行为反思，提出改进措施。

北京师范大学教育学部冯晓霞教授提出，"以评促建，不仅仅是给幼儿园打个等级，更重要的是提升质量，既是工作的原则，也是这项工作的目的"。考虑到外部评价不可能经常进行，而"外因通过内因起作用"，因此，幼儿园自身发挥积极主动性，开展常态化的自我评估，才可以真正地提升园所质量。

第二节 《评估指南》对幼小衔接的指导意义

一、背景概述

幼小衔接一直以来都是幼儿园工作的重点，其不是简单的学科知识的学习，而是一个持续的学习过程。《评估指南》作为幼小衔接教育实践中重要的指导文件，它不仅为幼小衔接提供了明确的指导方向，也有助于推动幼小衔接工作的科学化、规范化发展。

二、专家解读

1. 突出连贯性与系统性，平稳过渡小学阶段

《评估指南》中提出，关注幼儿发展的连续性，注重幼小科学衔接。大班下学期采取多种形式，有针对性地帮助幼儿做好身心、生活、社会和学习等多方面的准备，建立对小学的积极期待和向往，促进幼儿顺利过渡。

侯莉敏理事长指出，在幼小衔接过程中，我们不能仅仅关注知识技能的传授，更要确保教育内容的连贯性和系统性，使幼儿能够在身心各方面得到平稳过渡。同时，她特别强调了以儿童为本的教

育理念，她认为幼小衔接工作应始终以幼儿的发展为中心，关注他们的整体性和连续性发展，为他们未来的学习和生活奠定坚实的基础。

2.强调"增值性评价"，激励引导幼小衔接工作

《评估指南》中提出，坚持以促进幼儿身心健康发展为导向，聚焦幼儿园保育教育过程质量，评估内容主要包括办园方向、保育与安全、教育过程、环境创设、教师队伍五个方面。

刘占兰副理事长认为，评估不仅是对幼儿园保育教育质量的一种检验，更是一种激励和引导。通过评估，我们可以发现幼小衔接工作中存在的问题和不足，进而提出有针对性改进措施和优化方案。同时，她特别强调了幼儿园和小学之间的合作与沟通的重要性，只有双方紧密合作，共同制定和实施幼小衔接方案，才能确保幼儿能够顺利过渡到小学阶段。

3.注重过程质量，培养幼儿的全面发展能力

《评估指南》中提出，关注幼儿学习与发展的整体性，注重健康、语言、社会、科学、艺术等各领域有机整合，促进幼儿智力和非智力因素协调发展，寓教育于生活和游戏中；理解幼儿在各领域的学习方式，尊重幼儿发展的个体差异，发现每个幼儿的优势和长处，促进幼儿在原有水平上的发展。不片面追求某一领域、某一方面的学习和发展。

虞永平教授提出，幼小衔接工作应注重过程而非结果，要关注幼儿在园期间的整体发展而非单一知识技能的掌握。他强调，在幼小衔接过程中，我们应注重培养幼儿的自主性、探索精神和合作能力，帮助他们建立良好的学习习惯和行为习惯。

4. 聚焦班级观察，制订针对性的幼小衔接计划

《评估指南》中提出，认真观察幼儿在各类活动中的行为表现并做必要记录，根据一段时间的持续观察，对幼儿的发展情况和需要做出客观全面的分析，提供有针对性支持，不急于介入或干扰幼儿的活动。

著名教育家蒙台梭利说："唯有通过观察和分析，才能真正了解孩子的内在需要和个别差异，以决定如何协调环境，并采取应有的态度来配合儿童成长的需要。"

梁慧娟研究员认为，通过观察幼儿在班级中的表现，教师可以更准确地了解幼儿的发展水平和需求，从而制订更具针对性的教育计划。梁慧娟还提出了一系列具体的观察方法和技巧，如定期记录幼儿的行为表现、与幼儿进行互动交流等，以帮助教师更好地观察和了解幼儿。

《评估指南》在幼小衔接工作中具有重大的指导意义。它不仅明确了幼小衔接的具体内容，为教育工作者提供了清晰的指导方向，还有助于提升幼儿园保育教育的质量，促进儿童身心健康发展。同

时，《评估指南》的推广与实施有助于增强家长对幼儿园教育的信任度，提升社会对幼儿园教育的认可度，进而促进家园之间的紧密合作，共同为儿童的成长和发展创造更加良好的环境。

微信扫码

● AI 教学助手
● 内容图谱
● 知识图卡
● 保育笔记

第三节　幼儿入学关键素质解读

一、解读背景

随着教育改革的不断深化，幼儿入学准备教育日益受到社会各界的广泛关注。为帮助幼儿更好地适应未来的学习和生活，教育部发布了《幼儿园入学准备教育指导要点》和《小学入学适应教育指导要点》，以促进幼儿身心全面准备为目标，围绕幼儿入学所需的关键素质，提出身心准备、生活准备、社会准备和学习准备四个方面的具体内容。

二、关键素质准备

1. 身心准备，是指幼儿需要在心理方面和身体动作发展等方面做好相应的准备，主要包括对小学生活充满向往、保持良好的情绪状态、喜欢运动、动作协调等。教师、家长需要帮助孩子：建立对小学生活的向往；提升情绪调控能力；积极运动，提升动作协调能力。

2. 生活准备，是指幼儿需要在日常生活能力方面做好相应的准备，主要包括养成良好的生活和卫生习惯、具备一定的生活自理及安全防护能力、能够积极主动地参与日常劳动。在幼儿园阶段，教师、家长可以帮助孩子：养成健康的生活习惯；提升生活自理能力；增强安全防护意识；培养良好的劳动习惯。

3.社会准备，是指幼儿建立积极的交往合作关系、培养诚实守规的品质、形成任务意识和热爱集体的情感。主要包括交往合作方面，幼儿应能与同伴友好相处、分工合作，并能主动向老师表达自己的想法和需求；诚实守规方面，幼儿应遵守规则、做诚实的人；任务意识方面，幼儿应理解任务要求、能主动完成任务，并通过布置与入学准备相关的任务，帮助幼儿逐步适应小学生活的要求；热爱集体方面，幼儿应喜爱自己的班级和幼儿园、愿意为集体出主意、做事情，并初步形成爱家乡、爱祖国的情感。

4.学习准备，是指幼儿需要在学习兴趣培养、学习习惯等方面做好相应的准备。主要体现在：好奇好问方面，幼儿表现出对新鲜事物的好奇心和探究欲，喜欢提问并乐于动手探索；学习习惯方面，幼儿逐渐形成了专注、坚持、独立思考和计划性等良好的学习习惯；学习兴趣和学习能力方面，他们对大自然和身边事物有广泛的兴趣，逐渐具备了倾听、表达、书写以及运用数学方法解决日常问题的能力。

三、专家解读

针对《幼儿园入学准备教育指导要点》提出的各方面要求，教育领域的权威专家进行了客观而深入的解读。

北京师范大学教育学部教授刘焱指出，身心健康是幼儿入学准备的基础。她强调，幼儿具备良好的生活自理能力和运动能力对于适应学校生活的节奏和要求至关重要。这不仅能够确保幼儿的身体健康，还有助于他们形成积极的生活态度和良好的行为习惯。

中国教育科学研究院研究员储朝晖则强调了生活准备的重要性。他认为，幼儿的安全意识和自我保护能力是他们在学校生活中必不可少的技能。同时，良好的个人卫生习惯和生活自理能力是他们独立生活的基础。

中国学前教育研究会副理事长虞永平认为，社会准备是幼儿入学适应的关键。他提出，幼儿需要在幼儿园中逐渐学会遵守规则、完成任务、与人交往合作等技能，这些技能的形成将有助于他们更好地适应学校生活的社会性和群体性特点。虞永平还强调了归属感在幼儿入学适应中的重要性，认为这有助于幼儿建立对学校和集体的认同感和归属感。

华东师范大学教育学部教授华爱华对学习准备方面进行了深入解读。她指出，好奇心和学习兴趣是幼儿学习的动力源泉，而良好的学习习惯和初步的阅读理解能力则是他们未来学习的基础。华爱华教授还强调了家庭在培养幼儿学习兴趣和习惯方面的重要作用，建议家长与幼儿园密切配合，共同为幼儿的学习成长创造良好的环境。

这些专家的解读为我们深入理解幼儿入学准备教育的各个方面提供了有力的支持。他们强调了全面发展、综合培养的重要性，并提出了具体的建议和指导，有助于推动幼儿园和家庭更加科学、有效地开展幼儿入学准备教育。

第四节 幼儿入学所需关键素质在幼小衔接中的重要性

幼儿入学所需的关键素质在幼小衔接中的重要性不言而喻。这些素质不仅是幼儿顺利过渡到小学的基础，更是他们未来全面发展的基石。

一、积极的情绪体验

身心准备是幼小衔接的基础，让幼儿可以了解小学，带来积极的情绪体验。教育家张华指出："幼儿身心健康是其全面发展的重要前提，良好的身体素质和心理素质能够为幼儿的学习和成长提供有力保障。"对儿童而言，对于环境转变的感悟更突出于其身份的转变，所谓安全感是环境适应的习惯内核。所以，身心准备是幼儿适应小学生涯的重要基石。

二、良好的生活习惯

生活准备是幼小衔接的关键，良好的独立自主能力是孩子顺利开启小学生活的必备能力，而自理能力是生活适应的习惯内核。著名教育家陶行知曾强调："生活即教育。"这意味着，家长和教师应以真实生活为重要教育场，关注孩子生活能力及习惯的养成，努力让孩子学会独立，有能力独自面对小学生活中的问题。

三、自律的规则意识

社会准备是幼小衔接的重要一环。人的社会属性决定了我们需要在群体中交往，习得相应的社会品性，对于要开始独立面对小学生活的孩子亦是如此。著名儿童心理学家陈鹤琴曾表示，幼儿社会性的发展是其成为合格社会成员的关键，通过社会准备，幼儿能够更好地融入集体，建立良好的人际关系。而表达是交往适应的习惯内核，是赋能孩子以积极的心态与能力，是迎接小学生活中的人际关系的关键。因此，家长和教师应注重培养孩子的规则意识和表达能力，帮助他们更好地适应小学生活中的社交环境。

四、综合的学习能力

学习准备是幼小衔接中重要的核心部分。这一准备是基于身心、生活、交往等方面做好准备之后方能开启的关键一环。其中，专注是学习适应的习惯内核。教育家李梅教授曾深入研究幼小衔接问题，她指出：专注力是孩子们进入小学后能否高效学习的关键因素。在幼小衔接阶段，家长和教育者应有意识地通过科学方法培养孩子的专注力，使他们能够更好地适应小学的学习环境。当孩子们拥有了专注力这一宝贵品质时，他们将逐渐展现出"善学"的能力，并能够在学习中保持高度的集中力，有效吸收知识，形成深度思考的习惯。这种学习能力的提升，将使孩子们在未来的学习道路上更加从容和自信。

综上所述，幼儿入学所需的身心准备、生活准备、社会准备和学习准备在幼小衔接中发挥着至关重要的作用。这些素质的培养不仅关系到幼儿能否顺利过渡到小学，更对他们未来的全面发展具有深远的影响。正如《纲要》所指出的，幼儿园应与家庭、社区密切合作，与小学相互衔接，综合利用各种教育资源，共同为幼儿的发展创造良好的条件。因此，家长和教育工作者应充分认识到这些关键素质的重要性，并在实践中加以培养和提升，为幼儿的未来发展奠定坚实的基础。

第二章
《评估指南》背景下幼小衔接的重要性

第一节　义务教育新课标与学前教育的关系

随着教育改革的不断深入，义务教育新课标与学前教育之间的联系日益紧密，它们之间是相互影响和相互促进的。两者在目标和内容上具有明显的衔接性，在教学方法、资源利用上具有互补性，在教育目标上具有一致性，在课程内容上具有连贯性，在评价体系上呈现出对接性。《义务教育课程方案》（2022 版）指出：关注入学前儿童的学习与发展，加强与《纲要》和《指南》的衔接，注重幼小衔接，合理设计小学一至二年级课程；注重活动化、游戏化、生活化的学习设计；注意幼小衔接，减缓坡度，降低难度，增强学习的趣味性和吸引力等。这些修订更加强调了学生核心素养的培养，注重加强课程的科学性和实践性，实现立德树人的根本任务。这些修订也强调小学课程改革开始关注学前儿童的学习与发展，强调科学评估儿童发展水平，在幼小衔接教育上作出了积极主动的变化和调整，这些变化反映了对于学生全面发展的重视。

一、衔接性

义务教育新课标与学前教育在目标和内容上具有明显的衔接性。

学前教育阶段着重培养儿童的基本认知、语言、社交和情感能力，为进入义务教育阶段奠定基础。义务教育新课标则在此基础上，进一步拓展和深化学生的知识结构和技能，形成更加完整的教育体系。

二、互补性

学前教育与义务教育新课标在教学方法、资源利用等方面具有互补性。学前教育注重游戏化教学、活动体验，强调儿童的主体性和探索性，而义务教育新课标则更注重知识的系统性和学科素养的培养。两者互相补充，共同促进儿童的全方面发展。

三、促进性

学前教育对义务教育新课标起着积极的促进作用。通过学前教育阶段的有效引导，儿童能够更好地适应义务教育的学习节奏和课程内容，为后续学习打下坚实的基础。义务教育新课标也能反过来指导和优化学前教育实践，推动学前教育质量不断提升。

四、目标一致性

学前教育与义务教育新课标在教育目标上具有一致性。两者都致力于培养德、智、体、美、劳全面发展的社会主义建设者和接班人，这一共同目标使得学前教育与义务教育新课标在教育实践中形成强大的合力。

五、内容连贯性

学前教育与义务教育新课标在课程内容上呈现出连贯性。学前教育阶段注重培养儿童的学习习惯和学习兴趣，为进入小学后的学习做好铺垫。义务教育新课标则在此基础上，继续拓展和深化学生的知识体系，实现知识的连贯性和系统性。这种连贯性有助于儿童在不同阶段的学习中保持兴趣和动力，提高学习效果。

六、教学方法协同

学前教育与义务教育新课标在教学方法上需要协同配合。学前教育阶段以游戏化的学习为主，儿童是主体，注重儿童的探索性；而义务教育新课标则更加注重知识的系统性和核心素养。两者相互借鉴、协同发展，共同推动儿童的学习与发展。

七、评价体系对接

学前教育与义务教育新课标在评价体系上需要进行对接。学前教育阶段的评价应以孩子的整体发育和个体差异为重点，强调过程评估和表现评估，而义务教育新课标则注重结果性评价和综合素质评价。两者应该相互衔接、相互促进，形成科学、全面的评价体系。这种评价体系的对接有助于准确评估儿童的学习成果和发展水平，为教育决策提供有力支持。

综合来看，义务教育新课标的修订与学前教育改革都强调了教育的全面性和质量提升，注重学生的核心素养和全面发展。这些改革举措的相互配合，有助于实现从学前教育到义务教育的平滑过渡，确保教育体系的连贯性和统一性。

微信扫码

- AI 教学助手
- 内容图谱
- 知识图卡
- 保育笔记

第二节　幼小衔接中的八大能力培养

幼小衔接，是幼儿园和小学两个教育阶段平稳过渡的教育过程。幼小衔接并非单纯的知识衔接，而是提高孩子的入学成熟水平。那么，幼小衔接究竟应该衔接什么？北京师范大学钱志亮教授在《入学早知道》一书中，总结了入学成熟水平的八大能力。这八大能力是从心理发展水平与状态，判断孩子是否达到作为小学新生应该达到的要求，也叫作"儿童入学成熟水平"，包括视知觉能力、听知觉能力、知觉转换能力、运动协调能力、语言沟通能力、数学准备能力、社会适应能力、学习品质。应该如何培养孩子入学必备的这八项能力呢？

一、视知觉能力

1. 空间知觉：个体对物体距离、形状、大小、方位等空间特性的知觉。可通过走迷宫游戏培养，如交叉线迷宫、立体迷宫、箭头迷宫等。

2. 视觉辨别能力：把一个物体与另一个物体区别出来的能力，包括相同和不同。可通过字母和形近字的辨别、图形比较等方式培养。

3.图形—背景辨别能力：把物体从它的背景中区分出来的能力。可通过多种智力拼图、数图形等游戏培养。

4.视觉填充能力：儿童在部分刺激不出现的情况下认识或区别物体的能力。可通过拼图游戏、涂颜色等游戏培养。

5.视觉再认能力：看到不认识的物体，从记忆表象库里取相似信息，通过比较判断，进而发出指令。可通过猜谜游戏、七巧板摆图、照样子再现图形等培养。

6.视知觉速度：儿童在看读生字、看算加减、看读拼音的速度。可通过看谁指得快、火眼金睛找到它等游戏培养。

二、听知觉能力

1.听觉注意：对有意义声音刺激的选择与集中的能力。可通过你听到了什么、看谁做得对、传声筒等游戏培养。

2.听觉辨别：人们对不同声音之间差异的辨别能力以及辨别一组词之间的差异。通过听力训练游戏，如猜猜我是谁、猜乐器等培养。

3.听觉记忆能力：储存与回忆所听到信息的能力。可通过模仿秀、传令兵游戏等培养。

4.听觉系列化：把别人口头所述的一系列信息按次序、条理化回忆、描述出来的能力。可通过听数字、背文章等培养。

5. 听觉混合能力：一种把单个音素混合成一个音节，将音节混合成词并拼读出来的能力。可通过词尾音接龙、绕口令游戏、拼读音节等培养。

6. 听觉理解能力：儿童对听到的信息进行分析解释的能力。可通过我来说你来做、听指令画画、听指令找图片等游戏培养。

三、运动协调能力

1. 大肌肉动作：包括走、跑、跳、投掷、平衡、其他（滚球、滚圈、握单杠、静坐听故事）。可通过跳绳、拍球、踢足球、立定跳远培养。

2. 精细动作：手腕和手指的运动及手眼协调，内容包括抓、穿、插、刺、夹、剪、缝、倒、捏、掐、拧、撕、揉、捻、敲、拍、叠、绑。可通过穿珠子、夹豆子、撕纸、系鞋带等方式培养。

3. 平衡能力：身体对来自前庭器官、肌肉、肌腱、关节内的感受器以及视觉等各方面刺激的协调能力。可通过上下楼梯、荡秋千、跷跷板等方式培养。

4. 神经系统协调：左右半球协调。可通过指鼻、翻掌、拍手拍腿游戏培养。

四、知觉转换能力

知觉转换能力包括听转视动、听转动觉、视转语言或动作、动转视听等，通过多个感官相互转换或融合进行学习。可通过跟我学、后背画画、萝卜蹲、听词做动作等游戏培养。

五、数学准备能力

数学准备能力包括数数、对应、比较、推理、时间、钱币、分类、排序、图形、数感等，是孩子学习数学的基础算数能力。

六、语言沟通能力

语言沟通能力包括口语表达、语气表达、情感表达、音量控制、言语词汇、态势语言、看图讲话、言语理解等。

七、社会适应能力

社会适应能力包括自我效能、情绪稳定、同情分享、处理冲突、文明礼貌、自理能力、自控能力、人际交往等，是在社会能更好生存进行的心理与生理上以及行为上的各种适应的改变，与社会达到和谐状态的一种执行适应能力。

八、学习品质

学习品质包括学习态度、学习兴趣、学习动机、学习的意志，以及学习自信心等，是儿童在学习过程中表现出来的一系列行为、认知与态度倾向。

第三节 一年级家长焦虑问题解析

"幼小衔接"是幼儿面临的第一个关键转折点，要适应学校环境、教学内容、师生关系的改变，是迈向成长的一大步。当家长在面对幼儿园与小学阶段的诸多差异以及孩子入学准备过程中的不确定因素时，大部分家长会存在焦虑心理。经过调查发现，一年级家长的焦虑问题主要集中在以下几个方面：

一、孩子注意力不集中，怎么办?

小学一年级孩子正处于学习和发展的关键阶段，首先，他们的认知能力和注意力正在发展和成熟，注意力不集中是正常发展过程中的一部分。其次，从幼儿园过渡到小学是一个重要的转变，孩子需要适应新的学习环境、学习方式和学习要求，孩子对上课时间、自由活动时间都需要重新适应。这种转变可能会对孩子的注意力造成影响。针对这种情况，可以有以下解决方法：

1. 创造良好的学习环境，确保孩子在学习时有一个安静、整洁、没有干扰的环境，减少学习场所的外部刺激。

2. 分割学习时间。小学一年级的孩子注意力持续时间较短，长时间学习可能会导致他们分心。建议将学习时间切分成短暂的块，每块时间后给予一些活动或休息时间，以帮助孩子恢复注意力。

3.制订学习计划。帮助孩子制订学习计划，将学习任务分解成小目标，并给予尽可能的时间限制。孩子可以在完成每个小目标后得到奖励，这可以增加他们的动力和注意力。

4.增加身体活动。小学一年级的孩子需要充足的身体活动，以保持身体和大脑的活跃。可以安排适当的体育活动，帮助孩子释放能量，提高注意力。

二、如何看待"幼小衔接"？

一般家长通常把幼小衔接理解为知识的衔接，如拼音、算术、汉字等，认为最有效的衔接方式就是灌输和练习。其实，幼小衔接是贯穿幼儿园整个阶段的事情，要从心理建设、学习习惯、自我管理、人际交往、表达表现等各个方面进行全面衔接，正确帮助孩子了解小学以及小学生的生活，激发孩子作为一名小学生的愿望，培养良好的学习态度和学习习惯。

三、如何培养孩子的独立意识？

进入小学一年级，孩子需要独自应对来自各方面的挑战。部分孩子习惯了事事依赖他人，在新的环境下缺乏独立性，主要表现在以下几方面：

1. 不太适应从小朋友到小学生的角色转换。

2. 对父母还存在很强的依赖心理。

3. 独立行为能力不强，如整理文具、打扫卫生、上洗手间、吃中午饭等比较拖拉，并且难以独立完成。

4. 表达能力不足，表现为退缩、胆怯。

针对这些情况，可以使用以下解决方法：

1. 培养孩子的生活自理能力。在生活中，父母可让孩子学会独立洗漱、喝水不需要提醒等。

2. 培养孩子独立的学习管理能力。父母可以与孩子共同制定合理有效的学习时间表，让孩子学会合理地安排学习时间。让孩子独立整理自己的图书、文具，整理自己的书桌，成为自己学习环境的小管家。

3. 为孩子提供做家务的机会。在孩子力所能及的范围内，父母要有意识地为孩子提供多种多样的锻炼机会。

4. 投入关注与鼓励，培养孩子的自信心。父母应以积极和关注的姿态正面鼓励孩子，帮助孩子建立自信心，提高独立能力。

四、孩子不适应新的环境，怎么办？

一年级的孩子身心发展比较迅速，他们身体进了学校，心理还依恋着幼儿时的玩耍生活，显露出一些童年期的特征。他们对新生活充满好奇和幻想，好动，喜欢模仿，但又担心自己不能适应全新的环境。因此他们对于新的环境会感到紧张并且受约束。针对这种情况，可以采用以下解决方法：

1. 家长应该接纳孩子因新环境带来的不适应和紧张，允许孩子表达这种不适应，让孩子知道我们来到新环境有不适应的感觉是正常的。

2. 家长应该帮助孩子意识到自己长大了，上小学了。每个人都有一种寻求被认可的需求，刚刚迈入小学的儿童更是需要这种认同感。家长可以借提升孩子成为哥哥姐姐的自豪感，来满足孩子的心理需求。

3. 培养孩子的责任感及独立自主的意识。让孩子自己收拾书包、自己穿衣服，学会生活自理。另外，还应让孩子从小承担一部分力所能及的家务，比如倒垃圾、扫地等。孩子通过家务劳动有助于他形成学校中学生角色的认同。孩子对生活有了责任心后自然就会对学习有责任感，并且懂得照顾人，在班级中会更受欢迎。

4. 鼓励孩子多交朋友，扩大朋友圈。

家长可以鼓励孩子与更多的同学成为朋友。伙伴的陪伴带来的舒适感可以帮助他降低不适应的感觉，使得学校生活更有吸引力。

5. 帮助孩子养成良好学习习惯和学习方法。

孩子有时间观念，学习有乐趣，做作业就不拖拉。家长在孩子做作业时要尽量给孩子创造安静的环境，避免孩子分心。在孩子学习中鼓励多于纠正。小学一、二年级的孩子精力不容易集中，家长可以准备一个闹钟，规定孩子学习 15 到 20 分钟，适当休息，不搞疲劳战术。

第三章
幼儿入学准备关键素质

第一节　身心准备

一、幼儿身体健康与运动发展

发育良好的身体、愉快的情绪、强健的体质、协调的动作、良好的生活习惯和基本生活能力是幼儿身心健康的重要标志，也是其他领域学习与发展的基础。3～6岁是幼儿身体健康成长的关键期，幼儿身体的各个器官发展极为迅速却又不成熟，身体健康是健康的基础，获得身体健康，幼儿必须有合理的营养和锻炼、良好的睡眠、有效的防病治病、一定的自我保护能力。促进幼儿身体健康，除了要做好幼儿身体健康的保护和预防，也要通过教育使幼儿获得身体健康所必需的关键经验。

幼儿的动作发展是身体技能发展状况的重要表现，是其活动发展的直接前提，是适应社会生活必备的基本能力。幼儿动作的发展是肌肉和骨骼活动的发展，根据参与运动的肌肉和肌肉群的大小分为大肌肉动作和精细动作。大肌肉动作是指由身体的大肌肉或肌肉群产生的动作，如行走、奔跑、跳跃、投掷、钻、爬等；精细动作是指身体的小肌肉或肌肉群产生的动作，主要包括手眼协调、手指屈伸和指尖动作等局部活动，如书写、画画、使用筷子、剪裁、摆弄物体、系扣子等。幼儿精细动作的发展必须在大动作发展的基础上才能实现。

微信扫码

- AI 教学助手
- 内容图谱
- 知识图卡
- 保育笔记

活动案例

"绳"采飞扬

▶ **活动背景**

《幼儿园入学准备教育指导要点》身心准备中指出，喜欢运动，初步养成良好的运动习惯有利于幼儿增强体质，保持充沛精力和良好情绪。《指南》健康领域动作发展的目标中要求大班幼儿能够连续跳绳。跳绳对于孩子来说，是一项颇具挑战性且协调性很强的运动，它包含了跳、甩、握等基本动作。升入大班之后，跳绳成了大班孩子需要掌握的一项技能。于是，孩子们也开始练习跳绳了，在这个过程中，孩子们产生了一系列问题，由此围绕跳绳的探索开始了……

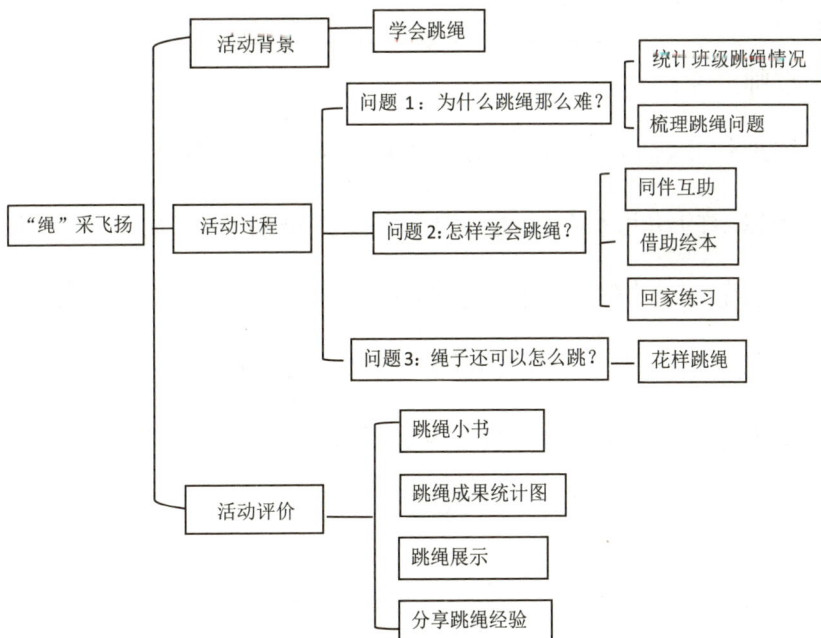

```
                   ┌─ 活动背景 ──── 学会跳绳
                   │                              ┌─ 统计班级跳绳情况
                   │              问题1：为什么跳绳那么难？ ┤
                   │                              └─ 梳理跳绳问题
                   │                                  ┌─ 同伴互助
"绳"采飞扬 ─────── 活动过程 ─── 问题2：怎样学会跳绳？ ┤── 借助绘本
                   │                                  └─ 回家练习
                   │              问题3：绳子还可以怎么跳？ ── 花样跳绳
                   │                    ┌─ 跳绳小书
                   │                    ├─ 跳绳成果统计图
                   └─ 活动评价 ─────────┤
                                        ├─ 跳绳展示
                                        └─ 分享跳绳经验
```

33

▶ 活动过程

（一）问题：为什么跳绳那么难？

初次接触跳绳后，孩子们发现，想要连贯地跳绳还真是困难啊！

朵朵："我第一次尝试跳绳，怎么跳呢？"

开开："我跳的时候，绳子就打结，甩不过去。"

乐乐："我每次都跳得太快了，绳子都过来了，我还没跳过去，怎么办？"

凯凯："甩绳的时候，绳子经常会打到头。"

通过观察，幼儿发现主要存在以下 3 个问题。

问题一：手脚不协调	问题二：用力不恰当	问题三：身体重心不稳
幼儿的脚总是先于绳子跳起来，绳子甩动后停在原地，脚再分别跨越绳子，没有跳跃的动作。	幼儿跳绳时害怕绳子绊倒自己，用力把脚跳高，起跳时重心不稳。	幼儿跳绳时会看脚下的绳子，导致起跳时重心不稳。

教师思考：

梳理幼儿跳绳问题后，结合幼儿实际是否会跳绳的调查，发现有一半以上的幼儿不会跳绳。但是对于大班幼儿来说，他们遇到问题是不会轻易退缩的，而是通过相互讨论、向有经验的伙伴学习、寻求老师的帮助等方法解决问题。教师要做好引导者和支持者的角色，帮助他们树立信心，以保证跳绳活动的顺利进行。

（二）问题：怎样学会跳绳？

策略一：同伴互助

可可："我们可以先慢慢地，把跳绳甩出一个矮矮宽宽的门洞，这样就好跳过去了。"

诺诺："我看过我哥哥跳绳，他都是把手放在身体的两侧，身体和手要保持一点距离，甩绳的时候他的两只手一起摇跳绳。"

快快："我们要每天练习跳绳。"

孩子们向同伴学习正确的甩绳动作。甩绳时要用手腕的力量，不能将手举过自己的头顶。

策略二：借助绘本

根据《跳绳并不难》这本绘本提供的技巧方法，幼儿将跳绳的步骤总结出来，并用图画表征的方式将学习跳绳的过程和方法记录下来，制作成"跳绳秘籍"手册供同伴学习。

策略三：回家练习

幼儿除了利用晨间和自由活动时间主动练习，每天放学后在家里也同样保持着良好的练习习惯，每日跳绳打卡，不断突破。

教师思考：

大家对跳绳的印象往往是"一边跳一边甩，非常快"。其实在我们放慢跳绳动作后可以看到：甩在前，跳在后。指导幼儿跳绳时需要分解动作，"先甩后跳"，甩要甩出一个大门洞，跳要并脚轻轻跳。

允许幼儿使用大肌肉（如大臂）发力，不要过度发力，只关注甩绳，并脚跳过，而非走跳。因为每个小朋友的手臂力量不一样，所以可通过"甩绳"单一动作的分解练习，来增强两臂的力量和甩臂的动作节奏、感觉，形成幼儿对于"甩绳"的经验认识。

（二）问题：绳子还可以怎么跳？

随着幼儿技能一步步地提升，在练习的时候发现部分孩子有的在玩绳子，有的坐着不动，有的跳着跳着就不想跳了。于是孩子们进行了交流讨论。

老师："为什么有些小朋友不想跳绳呢？"

朵朵："每天都跳绳，太无聊了，一点儿都不好玩。"

乐乐："我也想玩点不一样的。"

老师："那你们来让跳绳变得更好玩些吧。"

于是孩子们进行了各种各样的尝试，他们不仅探索了跳绳的不同跳法，还发现了新的玩法，他们开始化身"游戏设计师"，设计自己喜欢的跳绳游戏。

现在你能跳几个？		
姓名	练习前	练习后
高笤姌	1	10
白小兀童	0	5
张伯宇	2	11
利昭轺	5	20
白轼轩	10	25
张金絪	3	21
李家柈	1	11
卜竹扬	10	30

玩法一：双人绳子

两个小朋友怎么玩呢？在前期单人跳绳的基础上，孩子们加大难度，一起使用一根跳绳，面对面站着，一个人转动跳绳，两个人同时起跳，这个非常考验孩子们的合作能力和默契度。

玩法二：螃蟹过河

跳绳还可以怎么玩呢？孩子们根据螃蟹爬的动作研究出了螃蟹过河的玩法，把绳子连接成了一条大河，小朋友变成小螃蟹一起过河了！

玩法三：合作跳大绳

多人怎么跳绳呢？基于以上玩法，孩子们想出了合作跳大绳，两人各握绳的一头做甩绳动作，其余人排队轮流从甩动的绳子外面跑进去，跳过若干下再跑出来。

玩法四：通过警戒线

在探索了关于跳绳的跳、爬、跨越之后，孩子们又想出了绳子的另一种玩法：向后弯腰，通过跳绳障碍，不要碰到跳绳。

玩法五：跨越跳

多根绳子怎么玩呢？孩子们探索出了将绳子变成高低错落的障碍物，他们跳过障碍物且不能碰到跳绳的玩法。

▶ 活动评价

（一）幼儿

一根绳，一百种玩法，一百种探索。跳绳促进了幼儿身体机能的健康发育，发展了幼儿的弹跳能力、身体协调能力、身体灵活性、平衡协调性，锻炼了幼儿的意志力，让孩子们获得了运动的快乐与喜悦。活动中，幼儿以自己的方式解决问题，以幼儿引领幼儿的成长，从而提高幼儿解决问题的能力和增强幼儿的合作精神。

（二）教师

在整个活动中，幼儿的身体机能在不断发展，手、脚、腕、肩等部位协调能力在提升，大肌肉动作也在发展。同时，跳绳在训练着他们弹跳、速度、平衡、耐力、爆发力和心肺功能。幼儿在不断探索、学习跳绳的方法，发现问题、分析问题、解决问题。在经过单人跳绳的熟练后，他们大胆尝试新的玩法，探索出了 5 种跳绳的玩法，并且还在持续创新跳绳的玩法。老师的引导作用和幼儿作为主体的探索精神让孩子们在玩的过程中获得了自我认知、身体运动、语言、思维力、想象力等方面的发展，同时培养了他们的合作精神。作为老师，还需要不断提供相应的指导方法和策略，在活动中与孩子一起探索更多关于跳绳的奥秘！

（石家庄市桥西区万科翡翠园幼儿园　任怡）

花样篮球

视频二维码

▶ **活动背景**

　　篮球深受幼儿的喜爱，篮球活动对幼儿的身心发展也有着重要的意义。《指南》中指出，体能是促进幼儿全面发展的重要手段。篮球运动则涵盖了幼儿的走、跑、跳、投、拍等动作，能够促进幼儿身体素质的全面发展。在游戏中获得经验，有助于提升幼儿认知、情感、动作等各方面的能力，而篮球游戏就是体育游戏的一种，即"学习运动"和"通过运动来学习"，让幼儿身体和运动的能力得到发展。因此，结合大班幼儿的发展特点，游戏从易到难，不同程度地加深，开展篮球游戏活动。

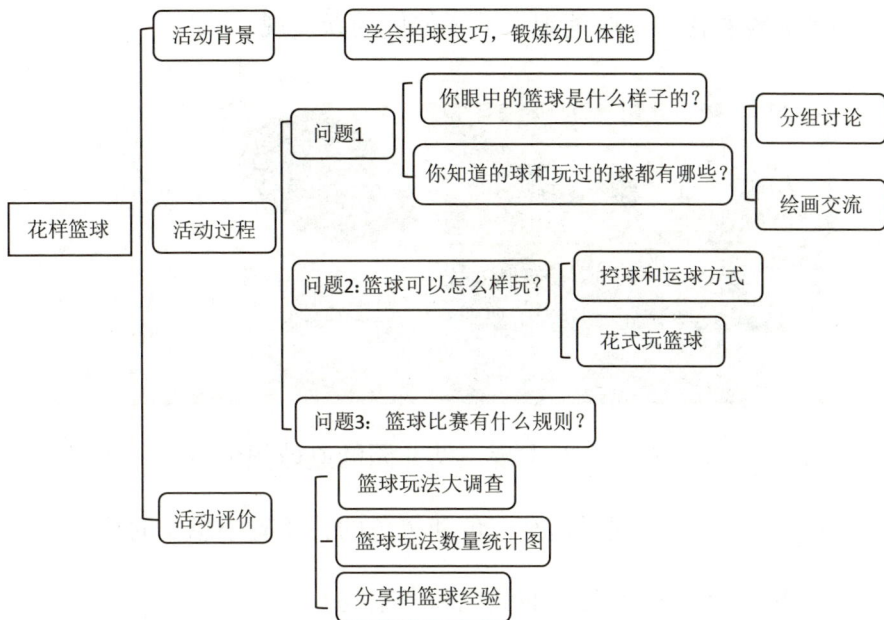

```
                        活动背景 ──── 学会拍球技巧，锻炼幼儿体能

                                              你眼中的篮球是什么样子的?         分组讨论
                                      问题1
                                              你知道的球和玩过的球都有哪些?       绘画交流
花样篮球      活动过程
                                                              控球和运球方式
                            问题2:篮球可以怎么样玩?
                                                              花式玩篮球

                            问题3: 篮球比赛有什么规则?

                                              篮球玩法大调查
                        活动评价 ───                篮球玩法数量统计图
                                              分享拍篮球经验
```

▶ **活动过程**

（一）问题

1. 你眼中的篮球是什么样子的?

在活动开始之前，孩子们通过观察、倾听、触摸等方式对篮球有了一个初步的认识。

球球："篮球上有好多不一样的花纹，摸起来还有点沙沙的。"

花花："篮球都是圆形的，使劲儿扔它还能弹起来。"

条条："我爸爸的篮球很大，比幼儿园的篮球要大得多。"

红红："我们幼儿园的篮球也有不一样大的。"

孩子们经过讨论、交流，分小组来到了篮球的各个区域，通过仔细地观察对比，用画笔记录下了他们的新发现。

浩浩："我又有一个新发现，幼儿园的篮球颜色也不一样。"

冉冉："我也发现了，有红色和黑色的，还有小恐龙的。"

兔兔："还可以有其他的颜色和图案吗？"

针对兔兔提出的问题，大家开启了热烈的讨论，然后拿起画笔，将自己心目中的篮球画在纸上。

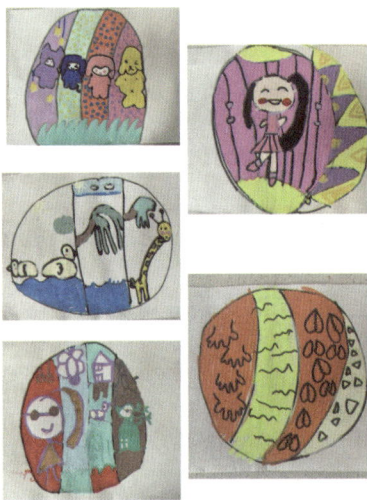

教师思考：

《指南》中指出，要和幼儿一起发现并分享周围新奇、有趣的事物，一起寻找问题的答案。在孩子们对篮球产生好奇之后，教师及时引导幼儿通过实地观察、讨论并进行记录。有小朋友提出新的问题之后，大家开始尝试在已有的经验基础上进行再创造，通过线描或者是涂色的方式来设计自己眼中的篮球。在这个过程中，幼儿对篮球具体的外形特征有了更多的认识。

2. 你知道的球和玩过的球都有哪些？

策略一：分组讨论

通过近距离地观察、接触篮球，带着浓厚的好奇心，孩子们开始讨论关于"球"的经验。

奔奔："我玩过羽毛球，但是总是掉。"

涛涛："爸爸带我去玩过台球，还有一个特别长的杆了。"

每个组的小朋友都在热烈地讨论自己玩过的各种球或者是了解的球类。

策略二：绘画交流

孩子们在生活中都了解到了各种各样的球，例如，皮球、足球、篮球、羽毛球等，这些球都深深地吸引着幼儿的兴趣。基于此，请幼儿将自己知道的或者玩过的球绘画出来，然后进行分享。在这个过程中，他们都愿意大胆表述对球的经验。

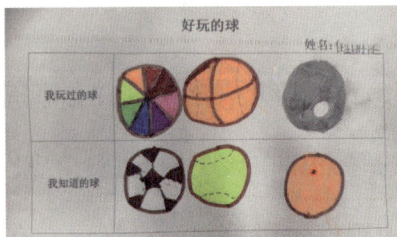

（二）问题：篮球可以怎么玩？

策略一：控球和运球方式

《指南》提到，幼儿的动作发展与培养是幼儿发展的重要组成部分，幼儿必须具有一定的平衡能力和一定的力量与耐力，动作发展协调、灵敏。基于此，我们开始了一步步探索……

1.双手拍球。

2.单手拍球。

3.左右手交替拍球。

4.行进间拍球。

策略二：花式玩篮球

1. 幼儿自主探究篮球玩法。

2. 同伴合作探究不同玩法。

3. 小组合作探究不同玩法。

教师思考：

拍球，不仅能培养幼儿的手眼协调性，还能增强体质。拍球是全身运动，需要手眼的协调、身体各部位的配合。拍球时，手腕、手指、手臂各肌肉群、骨骼、关节等得到全面发展。站立拍球时，无论是移动还是半蹲，都需要下肢的支撑，自然促进了下肢力量的增强，体质也随之慢慢地增强。

（三）问题：篮球比赛有什么规则？

老师："球场上都有哪些人？"

贝贝："有打球的人，每队有五人，篮球教练讲过。"

涛涛："还有观众，看比赛的，喊加油的啦啦队。"

丽丽："有裁判，裁判还有一个哨子，犯规了裁判会吹哨子。"

通过交流，幼儿初步了解了篮球场上主要有球员、裁判、观众和啦啦队，但是对于场地上每条线所代表的意思，不是很理解。老师从篮球场地的划分、篮球球员的组成和任务等多方面进行了介绍，让幼儿对篮球赛有了更进一步的了解。

咕咕："既然是比赛，怎么判断谁获得了胜利呢？"

福福："要投进球筐里才行。"

吉吉："爸爸之前和我说过比赛规则，但是太多了，我记不住。"

卡卡："那我们制定自己的比赛规则吧。"

▶ 活动评价

（一）幼儿

篮球是幼儿非常感兴趣的一项运动。通过对球的多种探索，幼儿不但掌握了篮球技能，还创造性地解锁了更多新的玩法，身体的协调性和灵活性也得到了进一步的发展。在游戏过程中，愉悦了幼儿的情绪，增强了幼儿之间的团结合作能力。

（二）教师

基于儿童的立场和视角，让每个幼儿在整个过程中都参与对话和表达。孩子们通过联系生活实际、调查、设计、讨论、总结等方式了解篮球的基本知识。活动中，教师始终尊重并鼓励幼儿以自己的方式探究。

"一物多玩"的游戏非常有利于发展幼儿的创造力。这类游戏不仅仅能增强幼儿的体质，更大的价值在于通过体育锻炼，激发幼儿参加体育活动的兴趣和探索欲望；培养幼儿的创造精神和同伴合作意识；发展幼儿各方面的能力，促进其身心和谐发展。篮球的玩法不止以上几种，作为教师将继续引导小朋友们勤思考、多探索，让小朋友们体验更多、更好玩的篮球游戏。

（石家庄市桥西区万科翡翠园幼儿园　白梅）

二、情绪管理与社会适应

情绪表达能力，指有意识地表达自己的情绪，以达到一定的目的、效果，特别是有建设性效果的情绪能力。儿童的情绪表达能力则是指在人际交往互动情境中正确表达自己情绪情感的能力。因此，在幼儿期开展情绪表达能力的培育是非常重要的。幼儿社会领域的学习与发展过程是其社会性不断完善并奠定健全人格基础的过程。人际交往和社会适应是幼儿社会学习的主要内容，也是其社会性发展的基本途径。幼儿在与成人和同伴交往的过程中，不仅学习如何与人友好相处，也在学习如何看待自己、对待他人，不断发展适应社会生活的能力。良好的社会性发展对幼儿身心健康和其他各方面的发展都具有重要影响。

良好的情绪表达能力与社会适应能力，有利于幼儿在小学阶段形成良好的自控能力，开朗的性格，独立性，以及心理适应能力等。通过幼儿情绪表达能力的发展，培养幼儿的责任感，提高幼儿的合作品质和交往能力，让幼儿以更加健康的身体和心理来迎接小学阶段的学习生活，为幼小衔接打下坚实的基础，让幼儿的身心得到平稳衔接和过渡。

活动案例

我们的小任务

视频二维码

▶ 活动背景

《幼儿园入学准备教育指导要点》的社会准备中指出，能自觉、独立完成老师安排的任务。对于即将进入小学的大班幼儿而言，要有良好的任务意识，正确理解任务要求，清晰转述并独立完成任务，并在完成任务的过程中获得"主动克服困难，实现预期目标"的自豪感，为适应日后小学的学习生活奠定基础。

为培养幼儿的任务意识，教师在大班会口头布置一些小任务，有意识地让幼儿在家中尝试复述任务内容，并能够按照要求完成任务，初步建立幼儿的任务意识。

"老师，我忘记带小白鞋了。""老师，妈妈忘记给我带水杯了。""老师，我没带新闻播报稿。"每天清晨入园，总会有几位小朋友忘记完成小任务，总是把原因归结于父母没有提醒等，这是幼儿缺乏任务意识的表现。如何更好地强调幼儿的任务意识呢？教师围绕幼儿的任务意识培养进行了系列的探索。

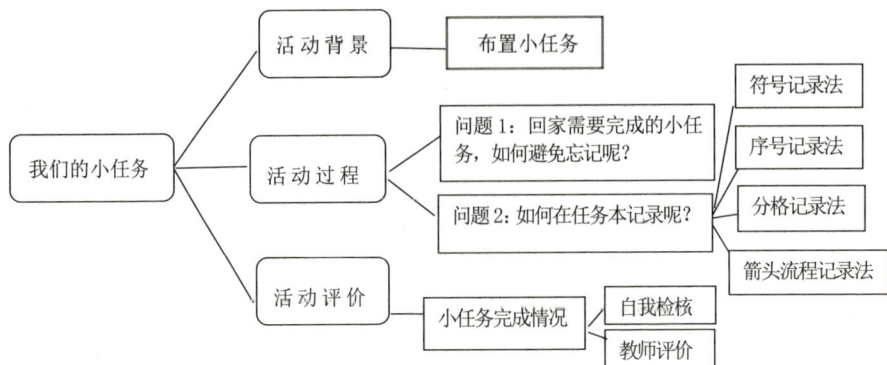

```
                     ┌─────────┐      ┌─────────┐
                     │ 活动背景 │──────│ 布置小任务│
                     └─────────┘      └─────────┘
                                                          ┌──────────┐
                                      ┌──────────────────┐│ 符号记录法 │
                                      │问题1：回家需要完成的小任│└──────────┘
┌──────────┐        ┌─────────┐     │务，如何避免忘记呢？    │┌──────────┐
│ 我们的小任务│────────│ 活动过程 │─────│                  ││ 序号记录法 │
└──────────┘        └─────────┘     └──────────────────┘└──────────┘
                                      ┌──────────────────┐┌──────────┐
                                      │问题2：如何在任务本记录呢？││ 分格记录法 │
                     ┌─────────┐     └──────────────────┘└──────────┘
                     │ 活动评价 │                        ┌────────────┐
                     └─────────┘      ┌─────────┐┌──────│箭头流程记录法│
                            └─────────│小任务完成情况││自我检核│└────────────┘
                                      └─────────┘└──────────┘
                                                 │教师评价│
                                                 └──────────┘
```

▶ 活动过程

在幼儿园，幼儿能够在规则的提示下较好地完成任务。可是回家后，他们就很容易忘记老师当天布置的小任务。"怎样才能避免忘记小任务呢？"教师把问题抛给幼儿，听一听他们都有什么好办法。

（一）问题：回家需要完成的小任务，如何避免忘记呢？

欢欢："回家之后可以让爸爸妈妈提醒我们。"

言言："老师可以把任务发到爸爸妈妈的手机上，这样就不会忘记了。"

嘟嘟："我们应该自己记在心里，记不住就画下来。"

玲玲："我看我哥哥有个小本子，每天把作业记到本子上，晚上回家拿出来看看。"

鹏鹏："可以用个小本子记上，就像我们的种植记录本一样！"

教师："小朋友的想法很好！哥哥姐姐上学后为了让自己能更好地记住作业，都会有个作业记录本。那小朋友也设计一个任务记录本，记住老师布置的小任务吧！"

教师为幼儿准备了任务记录表。

日期	小任务

教师："任务本要怎样使用呢？"

晨晨："要在封面上写上自己的名字，也可以画上一点漂亮的画，装饰得更漂亮一点。"

凡凡："一定要写好时间，知道是什么时候的任务。"

言言："如果有很多任务要写上序号。"

凡凡："要画清楚任务是什么。"

欢欢："完成任务后就让爸爸妈妈签字，代表我们完成任务了。"

幼儿对小任务记录本充满了期待，跃跃欲试地写下了自己的第一个小任务。

（二）问题：如何在任务本上记录呢？

记录一段时间后，幼儿发现了几个小问题。

问题一：我写数字和任务总是超出格子外，第二天的任务就很难记了！

问题二：画得太小了，看不清是什么任务。

问题三：表格太短，记录不全。

教师思考：

幼儿根据自己的生活实际，想到用绘画的形式记录任务。幼儿对记录任务有浓厚的兴趣，但大班的孩子正处于前书写阶段，部分幼儿并不能很好地控制书写的大小，初期的任务本存在一定的局限，为此教师开始和幼儿商讨解决的办法。

教师："如果有好多个不同的小任务，我们能用什么方法把它们清晰地记录下来呢？"

可可："我想用分格的方法记录，一个格子一个任务，就像我们的游戏计划表。"

乐乐："可以给每个小任务都标上序号，这样就能知道有几项任务了。"

彤彤："可以用符号记录，还可以用数字表示数量。"

嘟嘟："可以用箭头啊，我制订的周末小计划就是用箭头表示先后顺序。"

经过一段时间的记录，幼儿形成了自己独特的记录风格，记录速度也变得更快了。通过分享幼儿的任务记录本，我们一起梳理了孩子们的记录方法。

1. 符号记录法。

2. 序号记录法。

3. 分格记录法。

4. 箭头流程记录法。

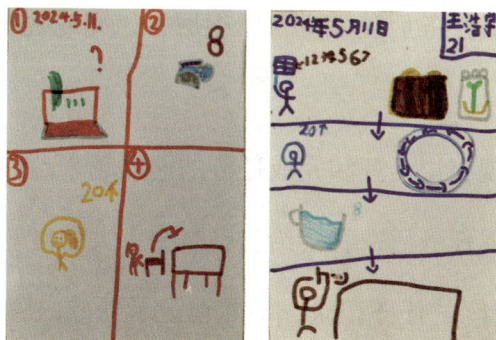

教师思考：

大班年龄段的幼儿能够运用一定的图画和符号表征来表达自己的想法，当遇到多个任务的问题时，幼儿积极主动思考，并把自己的生活和游戏经验跟任务记录的方法产生了积极有效的链接，从而能够快速地想到解决问题的办法。通过一段时间的记录，幼儿的记录表征方式更加多元化，呈现出内容丰富、记录简洁明了、任务条理清晰的特征。

▶ **活动评价**

（一）幼儿

使用了小任务记录本之后，很多小朋友都感觉自己的事情记得更牢，做得更好了。

天天："有了小任务记录本，就不会忘记老师布置的小任务了。"

阳阳："现在不用老师和妈妈提醒，我就会主动完成小任务！"

言言："完成任务后我感觉自己很厉害，完成之后还会有小奖励呢！"

昊昊："我现在记任务和完成任务的速度越来越快了。"

可可："完成任务后，我会给自己打个大大的对勾。"

通过一段时间的任务记录，幼儿在记录任务内容方面更加清晰，记录的方式更加多样，"健忘"的事情几乎没有了。幼儿在任务记录的时候，能够用绘画或符号的方式进行任务表征，每天自我检核完成任务情况，并对自己完成任务情况采用对勾或高兴的表情进行自我评价。

（二）教师

幼儿通过每天的天气观察记录、植物观察记录、区域管理员任务、每周五图书漂流阅读记录等活动，在家里做一些力所能及的事情，如打扫卫生、照顾小宠物、给花浇水等，基本上能够独立自觉完成布置的任务，形成良好的任务意识与能力。

"任务本"的使用是幼儿坚持自己的事情自己做的体现，可以让幼儿逐步摆脱对成人的依赖，形成初步的学习意识和责任意识。首先，幼儿能够用图形、符号、数字等来记录自己的想法和任务，对自己的任务有清晰的了解。其次，幼儿通过独立完成任务表现出更强的自我管理意识和能力。幼儿逐渐学会制订简单的计划，做事有时间观念，并有条不紊地执行，这种自我管理的能力有助于培养幼儿入学后形成坚持、积极、细心、专注等良好的学习品质。

（石家庄市桥西区际华苑幼儿园 张亚妹）

微信扫码
- AI 教学助手
- 内容图谱
- 知识图卡
- 保育笔记

第二节　生活准备

一、生活自理能力的培养

幼儿生活自理能力的培养是其独立性发展的基石。在 3 至 6 岁的关键时期，幼儿正处于身心发展的关键阶段，此时培养生活自理能力对于他们的成长具有极其重要的意义。

根据陶行知先生的"生活即教育"观点认为，生活本身就是最好的教育，生活自理能力的培养应贯穿于幼儿日常生活的方方面面。幼儿在生活和学习实践的过程中，逐渐掌握穿衣、洗漱、进餐等基本生活技能。这些技能的掌握不仅让他们能够更好地照顾自己，更在无形中培养了他们的独立性和自信心。

在自理能力的培养过程中，时间观念以及做事不拖沓的习惯是不可或缺的一环。时间观念的形成对于幼儿来说，是他们认知发展的重要组成部分。而做事不拖沓的习惯，则能够协助幼儿更好地管理自身的行为和情绪，避免因为拖延而影响生活和学习的质量。

活动案例

视频二维码

时间小主人

▶ 活动背景

　　《幼儿园入学准备教育指导要点》中指出，我们要引导幼儿逐步树立时间观念，通过多种方式，指导幼儿在日常生活和游戏中感受时间，学会按时作息，养成守时、不拖沓的好习惯。大班这一年对幼儿来说是至关重要的时期，而时间观念的培养是一个长期的过程，大班的幼儿对时间已经有了初步的感知，为此，"时间小主人"的活动之旅拉开了帷幕……

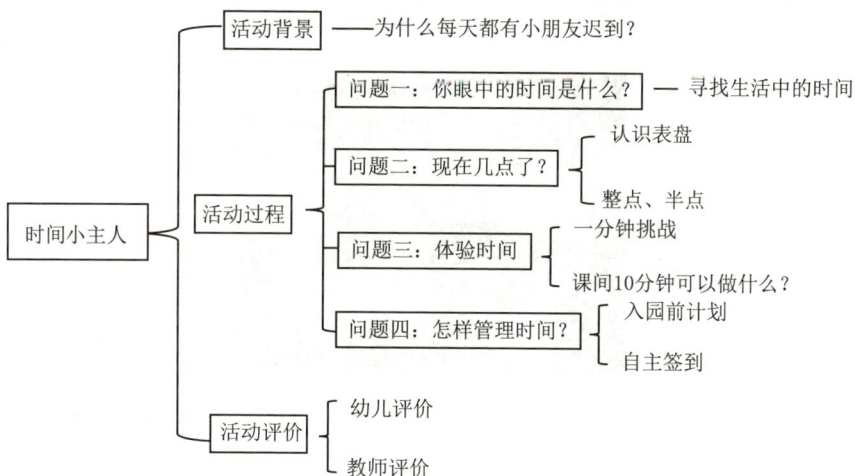

活动过程

（一）你眼中的时间是什么？

晨间锻炼结束了，孩子们开始收玩具，这时候几个小朋友刚到户外场地。

恒恒："怎么我刚来你们就收了？我还没有玩呢！"

玲玲："因为你迟到了，现在要回班吃饭了。"

恒恒："都怪妈妈没有叫我，让我睡过头了。"

心心："你几点起床的？我是七点。"

恒恒："我也不知道，反正我妈妈说让我快一点儿，要迟到了。"

教师："小朋友们，你们认为时间是什么？"

玲玲："时间是闹钟和数字。"

强强："时间就是工人叔叔盖房子。"

对于孩子来说，时间是看不见，摸不着的，那么"时间"在哪里呢？

（二）现在几点了？

通过寻找生活中的时间，幼儿发现时间的呈现方式是多种多样的，其中学校中最常见的是钟表，可是想要通过看钟表来准确地说出时间，对于大班幼儿还是有难度的。

惠惠："钟面上的三根指针长短为什么不一样呢？"

超超："老师，我发现了短针和长针一起指向 12 的时候，就要午休了，那是几点呢？"

天天："这些数字是什么意思？还有好多短线条是干什么的？"

好奇心是引发幼儿进行探索的最好动力，在问题的引发下，教师开展了集体教学活动"认识表盘"和"整点、半点"。

（三）体验时间

认识时钟后，孩子们产生了一个问题：一分钟有多长？带着这个疑问，老师跟孩子们开始了"一分钟挑战"。

一分钟挑战结束了，那"课间 10 分钟"里有 10 个一分钟，应该怎样分配这些时间呢？

瑶瑶："我想画画。"

茉茉："我想去玩乐高。"

心心："我想和小朋友一起玩石头、剪刀、布。"

通过实践，孩子们发现，时间相同但事情难易程度不同，结果也不同。相同时间里做同样的事情，每个人的动作快慢不同，结果也不同。

教师思考：

"时间"在幼儿眼中的概念是抽象的，他们很难精准地把握住时间。通过认识时钟这一重要概念，幼儿将关于时间的感知进行升华，并且通过体验时间将时间意识渗透到幼儿熟悉的日常生活中，让孩子们自己设计安排"课间 10 分钟"，使幼儿更直观地感受时间的变化。

（四）怎样管理时间？

在经过了一系列对时间的感知和学习后，孩子们渐渐意识到了珍惜时间的重要性，那么怎样才能不迟到呢？

策略一：自主签到

幼儿每天都是不同的时间来园，有的早，有的晚。在孩子们的提议下，班级开展了"不迟到打卡"签到的活动。

策略二：入园前计划图

通过与小伙伴和家长的交流讨论，孩子们还对入园前的时间进行了规划，把抽象的时间具体化，做时间的小主人。

教师思考：

时间与幼儿的一日生活紧密相连，良好的生活作息，能促进孩子们更好地成长。在初步认识时间的基础上，教师尝试引导幼儿将时间与日常生活的关系，用图文表征的方法呈现出来。幼儿每天记录自己的入园时间，不仅让幼儿认识了时间，还帮助幼儿养成了良好的生活规律。

▶ 活动评价

（一）幼儿

在"时间小主人"的活动中，幼儿在探索"时间"的过程中不断认识时间、感知时间、规划时间，并日复一日地坚持。在这过程中，幼儿不仅增强了时间的观念，还提高了做事情的计划性和效率，有助于幼儿养成良好的时间管理能力和遵纪守规的意识。

（二）教师

本次活动教师以幼儿"入园迟到"的讨论为切入点，开展了一场关于"时间"的话题探讨。课程中，孩子们认识到了"时间"对生活的重要性，最后落脚在解决实际的迟到问题，将良好的时间意识渗透到一日生活中。但培养孩子的时间管理能力是一个漫长的过程，教师要给孩子树立一个正确的时间管理榜样，为幼儿种下了一颗珍惜时间的种子。

（石家庄市桥西区万科翡翠园幼儿园　刘梦亚）

二、良好生活习惯的养成

《幼儿园入学准备教育指导要点》在生活准备中指出：良好的生活和卫生习惯有利于幼儿较快适应小学的作息和生活。《指南》中指出，幼儿阶段正是良好行为和习惯养成的重要时期。在幼小衔接中更要注重幼儿生活习惯、学习习惯的培养，良好的生活习惯会向学习习惯迁移，同时是学习习惯的开始和前提。

良好的生活习惯具体表现在：幼儿应保持规律作息，坚持早睡早起，睡眠充足；保持良好的个人卫生，有自觉洗手的习惯；有保护视力的意识。首先父母要做好榜样，和孩子一起作息，陪孩子一起绘制"一日活动时间表"，体验10分钟可以做哪些事等。其次，父母要帮助幼儿养成良好的卫生习惯，在日常生活中注重引导幼儿养成自觉洗手的习惯。再次，父母要引导幼儿不在光线过强或过暗的环境中写画，连续使用电子产品的时间不超过15分钟。最后，父母要激发幼儿参加体育活动的兴趣，养成锻炼的习惯。

视频二维码

整理小达人

▶ 活动背景

　　整理能力是学生日常生活中必不可少的技能。大班是幼小衔接的关键期，让幼儿学会整理自己的物品，养成爱整洁、做事认真的习惯，有利于培养幼儿的责任感，提高自理能力和动手能力，增强自我服务意识和自信心，为进入小学后更好地管理自己的学习和生活用品奠定良好的基础。由此一场有关整理小达人的游戏之旅展开了。

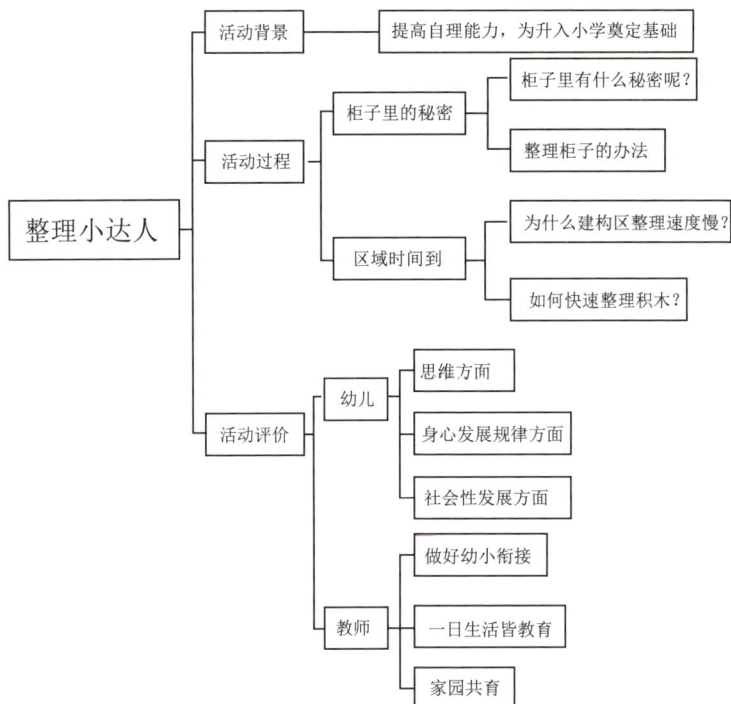

▶ **活动过程**

在一次晨间谈话过程中，乐乐说："老师，我柜子里的东西好多，拿东西时总掉，我该怎么办呢？"乐乐抛出问题后，小朋友们开始讨论起来，就这样，整理小达人的游戏开始了。

第一关：柜子里的秘密

每个小朋友都有一个放书包的柜子，小朋友们都在认真观察柜子里有什么秘密。

茉茉说："老师，晨晨的柜子里好乱啊。"

宁宁说："我每次拿东西，感觉衣服都要掉出来了。"

瑶瑶说："我一拿衣服，书包就掉地下了。"

在观察中，小朋友们发现了整理柜子的一些问题。那怎样让自己的柜子里的东西摆放整齐有序呢？通过讨论，小朋友们说出了一些建议，寻找出了整理柜子的方法。如将多余的衣服叠好放到书包里，书包的"屁股"朝外放，把接送卡放到书包侧兜里等。孩子们根据建议进行了整理，经过一番调整，小朋友的柜子变得既整洁又整齐了。

第二关：区域整理

小朋友在晨间谈话活动中提到，建构区每一次都是最后收完玩具。

朵朵说："他们为什么每次收得都很慢呢？"

霖霖说："为什么建构区总是最后才能收完玩具呢？"

在一次下午区域活动期间，教室里传出了小朋友激烈的讨论声……小朋友们在探讨解决办法。孩子们围绕"建构区为什么收得慢？"这一问题展开了探讨。

鸣鸣说："收玩具时有小朋友在玩。"

悦悦说："他们是一个一个拿的。"

凝凝说："小朋友把积木放好了，有人又重新摆。"

经过讨论，小朋友们找到了建构区收得慢的原因。接卜来针对如何收积木，孩子们再次展开了讨论。

妍妍说："不能边收边玩。"

凌瑶说："我们不能把积木全拿出来，用一个拿一个。"

甯甯说："我们可以和好朋友一起收积木。"

通过细致观察，孩子们发现了建构区收得慢的原因，后来他们根据原因进行了探讨，最终得到了解决的办法。

▶ **活动评价**

（一）幼儿

1. 从思维方面分析：在探讨的过程中发现，孩子们发散自己的思维，积极动脑思考，迁移原有的经验并内化为自己的经验，尝试自己分析问题、解决问题。

2. 从身心发展规律方面分析：每个小朋友都不是圆满具足的，各项能力的发展具有不均衡性，但是不完美不妨碍成长。

3. 从社会性发展方面分析：小朋友们的同伴交往能力有所进步，能够与小朋友合作，一起去完成一件事。

（二）教师

1. 根据《幼儿园入学准备教育指导要点》，以促进幼儿身心全面准备为目标，围绕幼儿入学所需的关键素质，提出身心准备、生活准备、社会准备和学习准备这四个方面的内容。在生活准备方面的生活自理中，提出"引导幼儿学会分类整理和存放个人物品"。教师可以此为契机，科学开展幼小衔接活动，让幼儿做足准备，向小学进发。

2. 教师本着一日生活皆教育的宗旨，从培养幼儿的生活习惯入手，培养幼儿具有初步的责任感以及帮助幼儿形成井然有序的生活习惯，为小学的学习和生活打下坚实的基础。

3. 在后续活动中，教师还可以通过家园共育的方式，发挥家园的合力作用。家长和幼儿一起参与活动，在家里也可以让孩子整理自己的所有物品并进行分类与归纳，这样不仅可以拉近亲子关系，又可以丰富幼儿的活动内容。

（石家庄市桥西区第三幼儿园龙湖天璞分园　唐丽花）

微信扫码

AI 教学助手
内容图谱
知识图卡
保育笔记

我换牙了

视频二维码

▶ **活动背景**

《指南》中指出，幼儿阶段是儿童身体形态发育和机能发展极为迅速的时期。大班幼儿正值换牙期，陆陆续续的掉牙事件引起了幼儿对牙齿的兴趣，他们对换牙充满着好奇、期待、害怕以及无数的疑惑。《幼儿园入学准备教育指导要点》在学习准备中也指出，好奇心是终身学习的原动力，呵护幼儿的好奇心有助于幼儿对周围世界保持持续的探究欲望。因此，基于幼儿的好奇心、兴趣以及幼儿的亲身经验，孩子们开启了一场奇妙的探寻之旅。

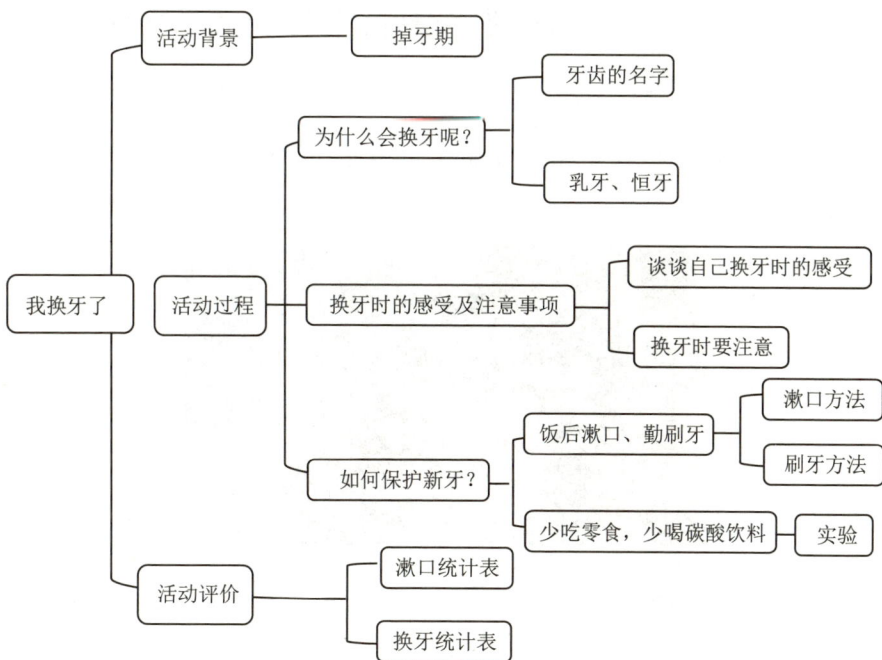

▶ **活动过程**

（一）为什么会换牙呢？

中午起床欢欢走到我面前说："老师，我掉牙了。"接着几名幼儿围了过来。

乐乐说："我掉两颗牙了，你看。"

豆豆说"我也掉了一颗。"说着张开嘴指着掉了的地方。

教师："为什么会换牙呢？"

丁丁说："糖吃多了，牙坏了就掉了。"

明明说："新牙长出来把旧牙挤掉了。"

乐乐说："到年龄就会换牙。"

教师："牙掉了，还会长出来吗？长出来的牙有名字吗？"

豆豆说："肯定会长出来的，我这颗牙就长出来了，但我不知道它叫什么名字。"

明明指着牙说："我知道这颗牙叫门牙。"

究竟是什么原因才会换牙呢？牙齿都有什么秘密呢？如何验证

大家说得对不对呢？孩子们共同制作《换牙问题》任务卡，通过问父母、查阅书籍、网络等方法来进行验证。

第二天，孩子们拿着自己的任务卡，进行了分享。

欢欢说："我嘴巴里有 20 颗牙，它们现在叫乳牙，乳牙掉了，新长出来的牙叫恒牙。"

豆豆说："恒牙要保护好，拔了它就不会长出新牙了。"

明明说："我们嘴巴里有门牙、尖牙、磨牙，我掉的就是上面的门牙，过不了多久，旁边的也会慢慢地换掉。"

乐乐说："乳牙是长在牙根上，露出来的牙叫牙冠。"

丁丁说："牙不会一次都换完，它是陆陆续续掉的，平时要多吃硬的食物，让它能更快地掉。"

明明说："现在的牙太软了，换牙后能够让我们吃更多的食物。"

教师思考：

通过猜测、验证的方法，幼儿了解了牙齿的有关知识，知道了换牙是一种正常生理现象。在活动中通过任务卡的使用，让幼儿具备任务意识和执行任务的能力，有助于幼儿适应小学学习生活的要求。

（二）换牙时的感受以及注意事项

知道换牙是我们都会经历的事情后，如何平稳度过换牙期？换牙期要注意什么呢？孩子们展开了讨论：

教师："换牙时都有什么感觉呢？"

明明说"老师，我的牙松了，但还没掉，吃东西都疼。"

乐乐说"我的牙都掉了两颗了，掉的时候都流血了。"

欢欢说"掉牙时我的牙可疼了，松松的，一碰就倒，好害怕啊。"

丁丁说："牙掉了会有洞，说话会喷口水，很不舒服，牙长出来就好了。"

教师说："换牙时要注意什么呢？"

豆豆说："牙齿松动了，不能用舌头舔，会让恒牙长歪。"

丁丁说："有不舒服要及时告诉爸爸妈妈或老师，然后去看牙医。"

明明说："要每天刷牙，保持干净。"

教师思考：

孩子们通过分享亲身经历和感受，减轻了换牙幼儿的担心、害怕和恐慌。注意事项为幼儿提供了经验与方法，帮助幼儿平稳地度过换牙期。

（三）如何保护新牙？

随着换牙活动的有序进行，孩子们又对长出的恒牙产生了浓厚的兴趣，如何保护我们的新牙——"恒牙"，是非常必要的。

教师说："恒牙应该怎样爱护呢？"

明明说："我看书上说要勤刷牙。"

乐乐说："对，还要吃完饭漱口擦嘴，保持口腔干净。"

欢欢说："不能吃太多甜的东西，要不牙齿会坏。"

幼儿通过已有的生活经验、绘本总结出了方法。

探寻一：饭后漱口，勤刷牙，保持口腔卫生

幼儿通过已有的生活经验、绘本总结出了漱口、刷牙的方法，并用图画的方式将步骤画了下来。漱口步骤图粘贴在饮水区，每次饭后漱口都会进行记录，方便同伴学习交流。

教师思考：

幼儿园不方便进行饭后刷牙，但是漱口是可以在幼儿园完成的，通过步骤图和记录表，让幼儿养成饭后漱口的好习惯。

探寻二：少吃零食，少喝碳酸饮料

零食和碳酸饮料对我们的牙齿存在不利影响，龋齿不仅会给吃东西带来不便，还会影响美观。为了让幼儿有更加直观的感受，教师用鸡蛋壳进行了一场以小组为单位，分工合作的"牙齿"小实验。

在实验前，孩子们猜想着各种可能性：

欢欢说："醋会让鸡蛋变黑、变软。"

豆豆说："清水里应该没有变化。"

乐乐说："可乐会让鸡蛋起泡泡。"

幼儿带着猜想进行实验。通过实验发现可乐、醋等食物会使"牙齿"变色、变软，长时间的腐蚀会让"牙齿"变成蛀牙。

教师反思：

幼儿通过亲自动手、猜测、验证，知道了酸酸甜甜的食物会使我们的牙齿变色、变软，腐蚀牙齿，时间越久危害越大，牙齿就会慢慢变成蛀牙。所以教师要引导幼儿在生活中少吃甜食，少喝饮料。

▶ 活动评价

（一）幼儿

幼儿对事物的探究往往来自自身的生活，他们对生活感兴趣的事情和遇到的问题有着浓厚的兴趣。案例中表现为"想知道换牙的原因""想知道牙齿的名字""想了解掉牙后怎么处理"，从而萌生出

"想保护恒牙"的愿望。活动期间，幼儿通过自身经验分享、猜测、查阅资料、实验等方法主动学习并解决成长中的疑惑。

（二）教师

每个孩子在童年阶段都会经历换牙的情况，案例中小朋友们正值大班，谈话过程中发现身边的很多朋友也出现了掉牙的问题，在掉牙、长牙的过程中，孩子们自尊意识悄悄发芽。教师以谈话的方式，鼓励幼儿表达自己对换牙事件的想法，通过不断深入的开放式提问，给予幼儿时间，鼓励他们用自己的方式了解换牙的原因和保护恒牙的方法。

（石家庄市第三幼儿园　丁云）

三、增强自我保护意识

增强幼儿自我保护意识是幼儿教育的重要任务，关乎幼儿安全、健康成长及未来独立生活能力培养。幼儿期是形成基本自我保护能力的关键期。此阶段，幼儿通过与环境互动，逐渐建立对潜在危险的认识与应对策略。

皮亚杰的认知发展理论认为，幼儿借探索和实践逐步增加对周围世界的认知。日常安全教育活动，如模拟逃生演习和安全知识问答，可助幼儿理解并记忆安全规则，提升其自我保护意识。华生的行为主义理论强调通过正向强化塑造幼儿行为。奖励其安全实践中的正确行为，能增强遵守安全规则的动机。角色扮演和故事讲述，可让幼儿在模仿中学习保护自己。班杜拉的社会学习理论指出，幼儿通过观察和模仿他人行为来学习。家长和教师应成为榜样，以自身安全行为影响幼儿。观看教育视频或参与互动游戏，可学习如何在遇到陌生人或危险时保护自己。

总之，增强幼儿自我保护意识需多方努力和良好教育策略。教育者可由认知发展、行为塑造、社会学习等，帮助幼儿建立自我保护意识和能力，为其未来奠定基础。

活动案例

视频二维码

身边的求助电话

▶ 活动背景

　　在自主游戏中，双胞胎兄弟恺威和恺乐讨论起了"看谁能记住爸爸妈妈的电话号码"，这时很多孩子加入了讨论，你一言我一语地报电话号码，紧接着悠悠大声说："我还知道其他的电话呢！110、120、119、122……妈妈说需要帮助的时候可以打这些电话哦！"孩子们带着好奇，围绕求助电话的探索开始了……

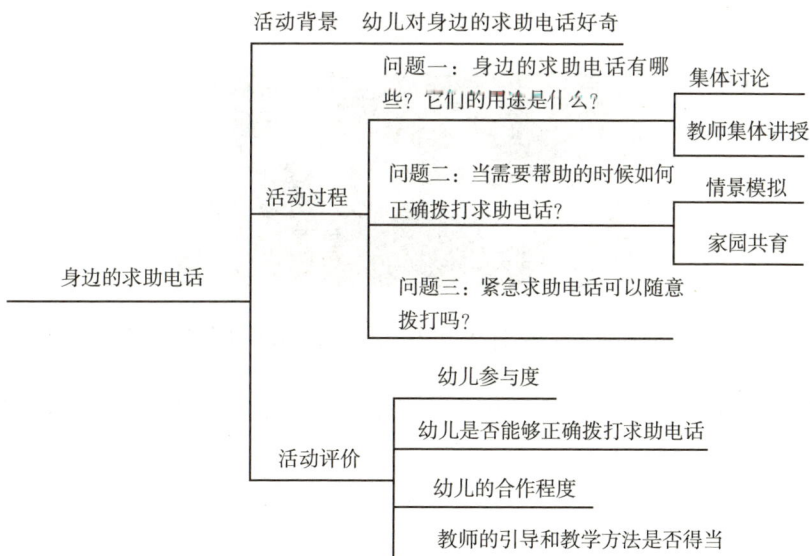

▶ **活动过程**

（一）身边的求助电话有哪些？它们的用途是什么？

讨论中大家纷纷说出自己知道的求助电话。

朵朵："110 是警察叔叔的电话号码，遇到危险、看到坏人就打110。"

妞妞："对，我还知道 122，我爸爸是交警，爸爸说发生车祸了大家都会打这个电话。"

柯呈："我还知道别的，着火了打 119，消防队就会开着消防车来灭火。"

露兮："上回姥爷生病了，妈妈打了 120，急救车就来把姥爷送到医院了。"

孩子们经过讨论发现对求助电话及其用途还认识不清，所以在该问题的引发下，班级开展了集体教学活动"了解身边的求助电话"。

教师思考：

通过讨论，孩子们了解和掌握了求助电话及其用途，这不仅能帮助孩子们在紧急情况下主动寻求帮助，还能增强他们的自我保护意识。

（二）如果需要帮助，应该如何拨打求助电话？

策略一：情景模拟

孩子们对这次情景模拟的游戏非常感兴趣，纷纷报名参加。然后老师就游戏过程中看到的问题加以引导，接着表演的孩子们就以正确拨打110报警电话开展了情景表演活动。

安安："小华，你在商场里迷路了吗？不要担心，你可以拨打110找警察叔叔帮忙。"

小华："（拨110）喂，警察叔叔，我是小华，我迷路了。"

文卿："你好，小华。别害怕，告诉我，你现在在哪里？"

小华："我在商场里。"

文卿："很好，小华。你能告诉我商场的名字吗？还有你记得家里的地址或者爸爸妈妈的电话号码吗？"

小华："商场的名称是欢乐购物广场。我家的地址是阳光小区5号楼2单元502室。我妈妈的电话是……"

文卿："非常棒，小华。你就在原地等我们，我们会派人去接你的。同时，我们会联系你的妈妈。"

小华："好的，谢谢警察叔叔。我会在这里等的。"

文卿："记得不要跟任何人走，只在安全的地方等待，我们会尽快找到你的。"

游戏结束后，教师和孩子们一起总结如何正确拨打求助电话：不要慌张，要冷静；所说内容要真实；说清楚事情、地点、事态情况。

策略二：家园共育

家庭练习：孩子回家后可以与家长一起进行模拟练习。

教师思考：

幼儿在活动中学习了如何正确拨打求助电话并且在模拟的情境中实践拨打求助电话，这样可以帮助他们更好地记忆和理解。

（三）紧急求助电话可以随意拨打吗？

随着了解的深入，孩子们又开始了新一轮的讨论。

凌菲："上次我用家里的电话玩了一个游戏，我假装自己迷路了，打了110。"

冠良："但是你没有真的迷路啊，妈妈说紧急电话不能随便打的。"

凌菲："为什么不行呢？那样不是很好玩吗？"

恩喆："我哥哥有一次不小心打了120，哥哥都吓哭了。"

孩子们在讨论中生起了好奇心，为了搞清楚原因，向教师寻求解答，于是教师和孩子们一起讨论了起来……

教师："孩子们，你们知道求助电话是为什么人设立的吗？"

诗诗："是为了需要帮助的人设立的。比如迷路、火灾或者有人生病需要急救。"

教师："说得对，打求助电话的时候会是什么样的心情呢？"

冠良："很害怕，很着急。"

教师："是这样的。如果我们在没有紧急情况的时候拨打，就会浪费宝贵的资源，可能会让真正需要帮助的人得不到及时的帮助。"

教师："如果误拨或"恶作剧"拨打了紧急求助电话，你们首先要承认自己做了错事，并要有礼貌地向接电话的人道歉，因为他们的工作非常重要，不应该被打扰。解释清楚是误拨还是玩闹，最后应该立即挂断电话，以免占用紧急线路。"

教师思考：

幼儿从这个经历中明白误拨紧急求助电话的严重性和正确使用的重要性，他们认识到做任何事情，需要对自己的行为负责，误拨紧急电话是一个需要避免的错误。因此，家长和教师的持续引导和教育对于孩子形成正确的行为习惯至关重要。

▶ 活动评价

（一）幼儿

幼儿积极主动地参与讨论和情景模拟，并在活动中体现出了很快的反应速度。幼儿也能够在求助过程中，清晰地描述问题和提供必要的信息，能够保持冷静，合理应对。

（二）教师

活动组织流畅，各个环节衔接自然，时间分配合理。最后教师需要优化教学方法，使幼儿更好地理解和记忆这些重要信息，进一步增强幼儿的自救能力和安全意识。

（石家庄市桥西区留村家园幼儿园　闫慧）

四、培养良好的劳动习惯

幼儿阶段是个体价值观形成的关键期，《纲要》中明确指出，幼儿要适当参与一些力所能及的劳动，养成基本的生活自理能力，并学会尊重他人的劳动成果。所以，对幼儿进行一定的劳动教育非常有必要，劳幼对于个人成长具有重要的价值意义。幼儿园通过采取适宜的策略方法来开展劳动教育，对幼儿参与劳动教育的积极性调动和目标达成，具有明显的推动作用。

同时，培养幼儿的劳动习惯也是幼儿教育中非常重要的一部分，它不仅有助于孩子形成良好的生活习惯，还能促进其身心健康发展，培养独立性和责任感。实践活动有助于培养幼儿的动手能力和解决问题的能力。劳动是实践的一种形式，可以让孩子在真实的环境中学习，加深对知识的理解和记忆。

微信扫码
- AI 教学助手
- 内容图谱
- 知识图卡
- 保育笔记

活动案例

视频二维码

"兔"如其来

▶ **活动背景**

　　幼儿喜欢接触大自然，对周围的很多事物和现象感兴趣。《指南》中明确指出：幼儿科学学习的核心是激发探索兴趣，体验探究过程，发展初步的探究能力。幼儿园要求教师和幼儿一起通过种植和饲养活动，感知生物的多样性和独特性，以及生长发育、繁殖和死亡的过程，帮助幼儿不断积累经验，形成受益终身的学习态度和能力。

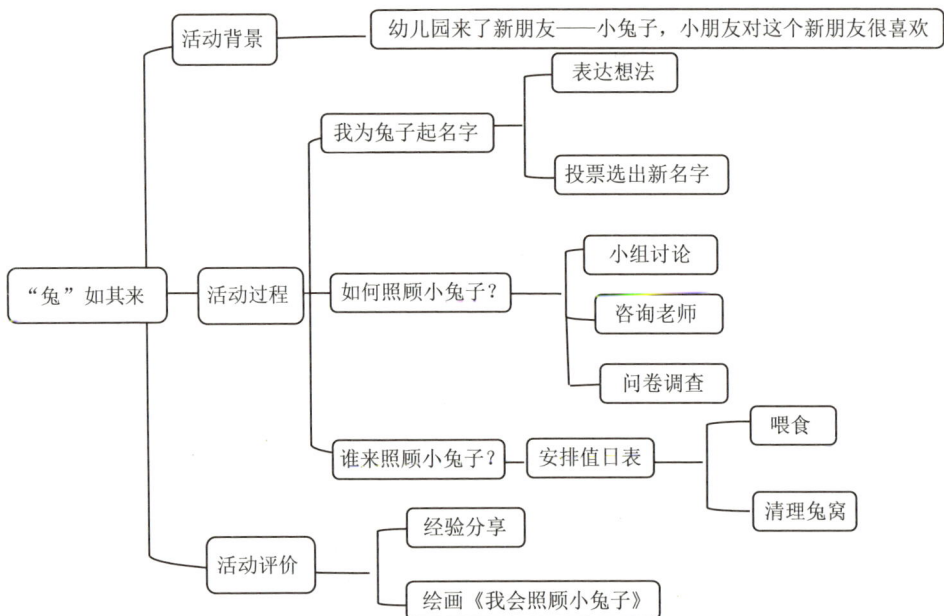

　　幼儿园来了两位新朋友——小兔子。孩子们对兔子有着强烈的好奇心和求知欲，他们好学、好问，关于兔子的一切他们都想知道。基于孩子们浓厚的好奇心与兴趣，一场围绕小兔子的探索之旅开始了……

▶ 活动过程

　　（一）我为兔子取名字

　　幼儿园来了两只小兔子，小朋友们兴奋的同时对兔子充满了兴趣，争先恐后地想要照顾它们，可是怎么区分这两只小兔子呢？小朋友们纷纷表达了自己的想法。

　　一一："两只小兔子一只大一只小，就叫大白小白吧。"

　　琪琪："我觉得小可爱好听。"

　　左左："我喜欢小水这个名字！"

　　诺诺："大的叫小花，小的叫小白更有意思。"

　　教师将小朋友的想法一一记录下来，并且进行了投票。经过小朋友们的投票选举，最终确定了小兔子的名字为：小白，小花。

教师思考：

给小兔子起名字是饲养过程中的一个重要环节，参与这个过程可以让幼儿感受到自己对小兔子有一定的责任，从而培养他们的责任感；同时这是一个创造性的过程，可以激发幼儿的想象力和创造力。幼儿一起讨论给兔子起名字，也可以增强他们之间的沟通和社交能力。

（二）如何照顾小兔子？

策略一：小组讨论

诺诺："得给小兔子喂水喂食物，我知道小兔子爱吃胡萝卜。"

糖糖："我们可以给小兔子讲故事。"

妞妞："要对兔子温柔一点，不要吓它。"

通过小组讨论，幼儿知道了要给小兔子喂水喂食物，在满足兔子最基本的生理需求后，又考虑到给小兔子加入适当的娱乐活动——讲故事。

策略二：咨询老师

兜兜："老师，我们不知道怎么照顾小兔子。"

老师："小兔子喜欢吃蔬菜类、水果类和青草类食物，如果给小兔子吃兔粮就要适当地喂水，当然也要让小兔子晒晒太阳，兔窝要保持干净和通风哦！不然小兔子很容易生病。"

通过咨询老师，小朋友们得知想要照顾好小兔子，除了要满足兔子的基本生存需求，保证它们的健康和幸福，也要给小兔子提供良好的居住环境。

策略三：问卷调查

为了更好、更充分地了解如何照顾小兔子，孩子们进行了关于小兔子的大调查，通过填写这次调查问卷让小朋友们对如何照顾小兔子有了更加深入地了解，同时开阔了眼界。

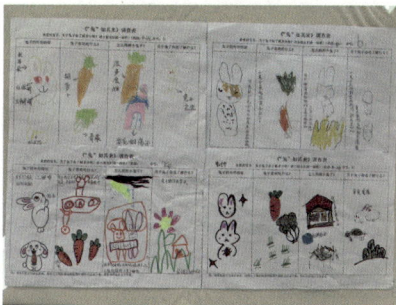

教师思考：

通过小组讨论、咨询老师、调查问卷等方式，小朋友们对如何能照顾好小兔子有了一个清晰的认识，每个孩子的独特视角和对生活的理解都在这次活动中得到了表达和深化，为以后的实践打下了基础。

（三）谁来照顾小兔子？

左左："我可以照顾小兔子，我家里有一只小狗，我会照顾小动物。"

糖糖："可以让爸爸妈妈来照顾小兔子。"

冰冰："可是爸爸妈妈还得上班，太忙了，没有时间过来照顾小兔子。"

琪琪："要不我们按值日生那样照顾小兔子吧！"

小朋友们："可以，这个主意不错！"

孩子们肩负起了照顾的"责任"，养兔子需要做什么事情呢？要每天给兔子喂食，每天给兔子换水，兔子的房子脏了还要清理。每天户外活动时间，孩子们都会来看一看兔子，给它们喂粮食。

教师思考：

师幼共同制定兔子值日生安排表后，小朋友们积极参与饲养兔子。在照顾兔子的过程中，幼儿增强了责任意识，他们发现了兔子需要安静的环境，及时调整照顾的方式。孩子们对兔子的兴趣不断增强，主人翁意识也得到了提升。

▶ **活动评价**

（一）幼儿

让幼儿参与饲养、照顾小动物的过程是一种非常有益的教育方式，它能够培养孩子的责任感、同情心。在饲养小兔子的过程中，孩子们相互之间还会交流关于饲养动物的知识和经验，这有助于提升他们的社交技能。

（二）教师

教师在这个活动中，扮演着引导者和监督者的角色，教师的每一步引导都在帮助孩子们获得照顾小兔子的方法。通过经验分享以及绘画的方法进行回顾，能够让孩子们意识到照顾小动物需要承担的责任，这种责任感可以延伸到日常生活中，帮助他们成长为更有担当的人。

（石家庄市桥西区留村家园幼儿园　王梓源）

第三节　社会准备

一、良好的交往与合作能力

《指南》作为我国学前教育的重要指导性文件，其核心目标是促进幼儿身心全面、健康、和谐发展。在学前教育阶段，幼儿社会领域的学习和发展过程是幼儿社会性不断完善并奠定健全人格基础的过程。良好的交往与合作能力是幼儿社会适应学习的重要内容，也是幼儿社会性发展的基本途径。

良好的交往与合作能力有助于培养幼儿积极的情绪情感，使幼儿产生归属感、安全感，从而心情愉快、轻松；有助于促进幼儿亲社会行为的发展；有助于促进幼儿社会认知的发展。幼儿在与成人和同伴交往的过程中，不仅学习如何与人友好相处，也在学习如何看待自己、对待他人，不断发展适应社会生活的能力。幼儿时期是各项能力和素质养成的关键期，在此阶段重视对幼儿合作意识和合作能力的培养，与幼儿身心发展规律和成长需求相符。

家庭、幼儿园和社会应共同努力，为幼儿创设温暖、关爱、平等的家庭和集体生活氛围，建立良好的亲子关系、师生关系和同伴关系，让幼儿在积极健康的人际关系中获得安全感和信任感，发展自信和自尊。幼儿的社会性主要是在日常生活和游戏中通过观察和模仿潜移默化地发展起来的。成人应注重自己言行的榜样作用，避免简单生硬地说教。

活动案例

我的好朋友

▶ 活动背景

　　《指南》指出，幼儿阶段是社会性发展的关键时期，良好的人际关系和社会适应能力对幼儿身心健康发展以及知识、能力和智慧作用的发挥具有重要影响。幼儿在与成人和同伴交往的过程中，不仅学习如何与人友好相处，也在学习如何看待自己、对待他人，不断发展适应社会生活的能力。学期伊始，新的班级成立了。幼儿面对全新而陌生的环境感到前所未有的好奇。教师顺应幼儿对幼儿园的好奇和对其他陌生小朋友的兴趣，展开了一场关于"我的好朋友"的主题活动，以引导幼儿在熟悉和适应幼儿园生活的同时，提高幼儿人际交往能力，促进幼儿的社会性发展。

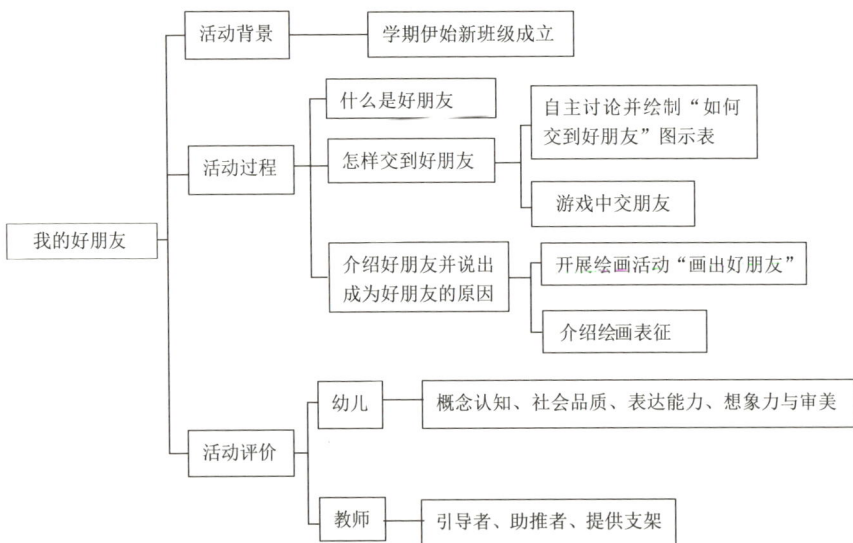

```
                          ┌─ 活动背景 ──── 学期伊始新班级成立
                          │
                          │              ┌─ 什么是好朋友
                          │              │
                          │              │                    ┌─ 自主讨论并绘制"如何
                          │              ├─ 怎样交到好朋友 ────┤  交到好朋友"图示表
我的好朋友 ────────────────┤─ 活动过程 ──┤                    └─ 游戏中交朋友
                          │              │
                          │              │  介绍好朋友并说出     ┌─ 开展绘画活动"画出好朋友"
                          │              └─ 成为好朋友的原因 ───┤
                          │                                    └─ 介绍绘画表征
                          │
                          │              ┌─ 幼儿 ──── 概念认知、社会品质、表达能力、想象力与审美
                          └─ 活动评价 ──┤
                                         └─ 教师 ──── 引导者、助推者、提供支架
```

92

▶▶ **活动过程**

（一）什么是好朋友？

子安："好朋友就是在一起玩。"

一暖："好朋友就是一起吃饭，一起出去荡秋千，一起玩玩具……"

小怡指了指坐在旁边的陈梓硕："我的好朋友就是他，我喜欢他，他也喜欢我，所以我们是好朋友！"

几个小朋友积极回答老师的问题，而大部分小朋友默不作声。当我问到这些沉默的小朋友时，他们大部分人回答道："我没有好朋友。"

教师思考：

幼儿社会领域的学习与发展过程是其社会性不断完善并奠定健全人格基础的过程。人际交往和社会适应是幼儿社会学习的主要内容。其中如何与人友好相处，是社会领域的重要内容，那么在幼儿视角中的"好朋友"是怎样的呢？通过组织集体讨论，幼儿对"好朋友"这个概念有了初步的思考与认识。于是，教师顺势抛出了第二个问题。

（二）怎样交到好朋友？

小智："我会给他一个抱抱。"

梓硕："我会摸摸他的脸蛋，问问他愿不愿意和我做朋友。"

熙桐："我给他好吃的。"

……

根据讨论与思考，教师和孩子一起绘制出"如何交到好朋友"的图示表，贴到班级中最显眼的墙面上。接下来孩子们在一日生活中的各个碎片环节开始了对表格的围观，教师也顺势开始了为期一周的观察。

通过观察，孩子们在游戏中最能感受到交朋友的喜悦。骑小车的时候，他们有的推，有的坐，还有的积极载人；玩攀爬架时，发现上面有水，大家一起想办法将上面的水擦干净，面对镜头时，他们哈哈大笑；在轮胎上休息时，轮胎不够坐，能与同伴分享；蹬多

人小车时，大家能够齐心合作，将小车踏向前；区域游戏时主动与朋友分享自己的发现。

教师思考：

幼儿是天生的探索家，幼儿自己交流讨论问题，通过自主分享和集体分享，获得表达和被倾听的机会。由于认知水平有限，幼儿将问题绘制成图示，有助于他们更加深刻且快速地了解"如何交到好朋友"，同时高效地将图示内化，从而促进行为外显。

（三）请你介绍你的新朋友并说说与之成为朋友的原因

经过一段时间的交往与互动，教师邀请孩子们画一画自己的新朋友。可以从哪些地方画出自己的朋友呢？

"可以看是男生还是女生。"

"可以看她的衣服。"

"我可以记住她的眼神。"

……

通过交流讨论，教师发现每一个小朋友都在日复一日的幼儿园生活中交到了自己的好朋友，并且记住了好朋友的模样。于是，教师开展了绘画活动。

小朋友们兴致勃勃地在画纸上有模有样地画。小智一边画画一边时不时抬头看看旁边的好朋友伊伊。

很快到了画画分享环节，小智兴高采烈地上台讲解自己的画："这是我的好朋友伊伊，她有大大的眼睛，她穿着黄色的衣服，她有两条辫子，我很喜欢她，我们每天都在一起玩……"

"因为她每天都笑嘻嘻的，还帮助我搭积木，所以我和她成为好朋友。"

教师总结："因为伊伊对人友善，乐于助人，所以她交到了好朋友。"

教师反思：

幼儿结合已有经验和生活实际，通过一定的思考将自己交到的好朋友画在画中，形成幼儿绘画表征。再通过讲解绘画，介绍自己的朋友，形成语言表征。教师通过幼儿的绘画表征和语言表征，将幼儿观点进行总结和提炼，从而引导幼儿得出"友善""乐于助人"

的更易交到好朋友的结论。活动潜移默化地促进幼儿对"友善""助人""分享"等美好社会品质的认知以及其自身社会性的发展。

▶ 活动评价

（一）幼儿

幼儿从一系列的活动中不断加深对"朋友"这个概念的认识与理解，其中多次思考与讨论使幼儿思维得到进一步的发展，同时锻炼了其语言表达能力。将"好朋友"画在纸上，促进幼儿想象力与美感的发展；介绍自己的画并通过教师引导与提炼，有助于认识"友善""助人"等亲社会品质，从而促进幼儿人际交往能力的发展。

（二）教师

教师在整个活动中坚持扮演"引导者""助推者"的角色，始终坚持以幼儿为主体，将问题抛出后，引导幼儿结合生活经验和日常实际去展开头脑风暴，在系列活动中自主思考问题和讨论问题。在一个阶段结束时，适时地去进行总结提炼，如从幼儿讨论时形成的语言表征中绘制出"如何交到好朋友"图示表，帮助幼儿直观认知从而提升思维水平。在幼儿亲身体验到一定程度后，教师适时抛出下一个问题"介绍你的新朋友"，并再创设绘画活动，引导幼儿再思考，如此循环往复，幼儿的语言表达能力、社会认知与社会交往能力便在教师的有效"支架"下得到了螺旋式提升。

（石家庄市桥西区第三幼儿园龙湖天璞分园　苏泽琦）

挖渠引水

▶ 活动背景

沙水是大自然赋予幼儿最好的礼物，同时沙水游戏也是幼儿利用沙、水以及各种辅助材料来反映对周围事物印象的一种活动。在一次沙水活动中，桐桐和朵朵在制作稀粥时，发现水只能用容器一次又一次地取来，非常不方便。于是，孩子们共同讨论取水的方法。有的说可以用大桶，有的说可以接水管……一次"引水"之旅开始啦！

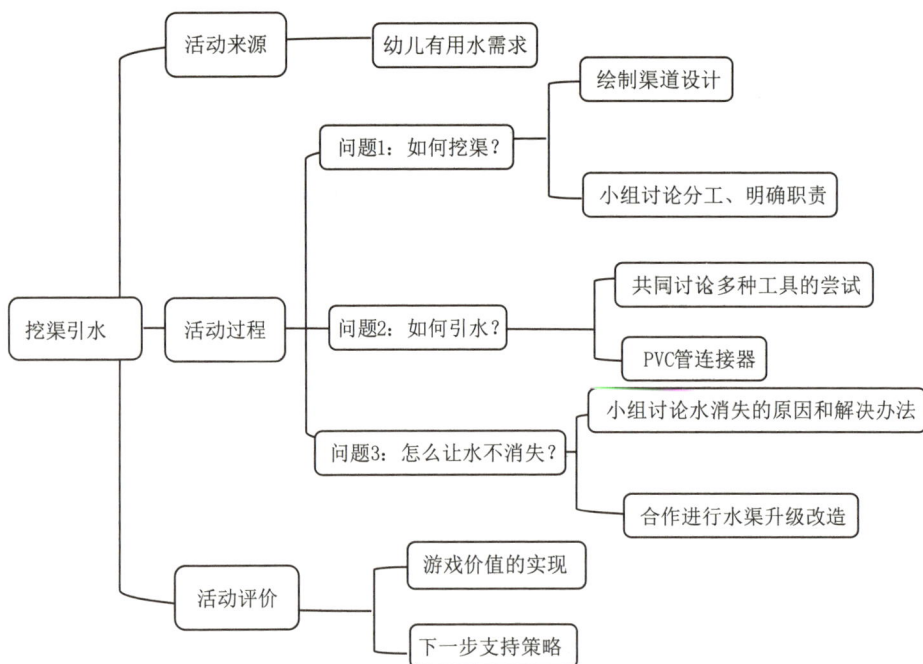

▶ **活动过程**

（一）如何挖渠？

在引水游戏正式开始前，孩子们开始招募伙伴，组建"小小工程队"。通过集体商量的方式选出了小队长承承。承承和小伙伴们一起商量着引水工程需要负责的工作有哪些。

承承："我们需要有负责挖沙的，有负责运沙的。"

小勇："挖水渠需要多些人，不然挖得太慢了。"

朵朵："我们需要用到铲子和铁锹。"

最后，大家还一起商量着画出了计划图，接下来，小小工程队便开始按照团队的计划在沙水区里行动起来了。

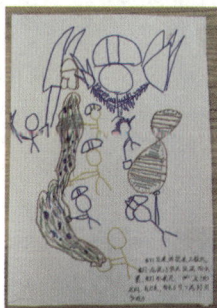

教师思考：

孩子们在沙水游戏中能根据实际问题讨论出解决方案，这不仅激发了孩子们的探究兴趣，而且在探究的过程中也使孩子们解决问题能力得到提高。孩子们通过找队员、选队长、按照计划进行游戏，不断积累经验。

（二）如何引水？

水渠挖好后，孩子们发现水龙头在沙池外面，不能直接取水。针对如何把水引到水渠展开了讨论和尝试。朵朵说："我们可以拿水桶接水倒在水渠里。"

经过尝试，孩子们发现用水桶和汽车运水不方便、速度慢，所以这个计划被取消。正当大家陷入思考的时候，小哲高兴地大声说："我知道了，我们可以用PCV管，就像下水道管一样让水流过来。"大家表示同意，孩子们很快找到了很多PVC管，尝试用管道引水。

当小哲拧开水龙头时，水花四溅，旁边小朋友有点生气地说小哲把自己衣服弄湿了，工程陷入停滞中。这时教师走过去询问原因，引导解决矛盾，并提出问题："我们怎样不让水花溅起，顺利流入管道呢？"大家又开始积极思考，队长承承发现需要一个弯曲的接口，经过尝试，孩子们顺利将水引入水渠。

（三）怎么让水不消失？

当引水成功后，孩子们发现还没等水流向下一站，水就渗下去了。潇潇说："我们必须在这挖一个大水沟，储存更多的水。"经过尝试，水变多后便顺着水渠流向"小厨房"的方向，问题又来了：水总是流到中间就消失了，怎么办呢？小组讨论中孩子们提出自己的想法。

莹莹说："水太慢了，我们开大点儿。"

小宇说："沙子漏水了，我们得找个东西垫下面，这样就不会漏水了。"

经过讨论，大家一致同意小宇的说法，小勇很快找来塑料袋，为了把水引向小厨房，很多小朋友来帮忙。当水阀打开，水渠两边的孩子盯着水流的方向，看着水成功地流进小厨房，孩子们欢呼着。

教师思考：

孩子们在初次的引水尝试中选择各种不同的材料，先拿水桶和汽车，后来发现了 PVC 管。教师先放手让他们自己试一试，但是在游戏的过程中孩子们遇到了困难，这是一个很好的生成点，可以帮助孩子们推进活动的持续开展。在回顾活动时，教师以"为什么沙了"会消失"这个问题和孩子们展开了讨论，孩子们一致认为"因为水渗到沙子下面"，并决定尝试新的解决办法。在这个过程中，教师给予了幼儿充分的游戏时间，鼓励孩子们进一步思考和探究。

▶ 活动评价

（一）幼儿

《指南》中明确指出：幼儿的学习是以直接经验为基础的，并且是在游戏和日常生活中进行的。自主游戏是孩子们最常开展的游戏，对孩子们的发展具有较大的价值。在游戏的过程中，当孩子们面对挑战和失败时并没有轻言放弃，而是通过集体讨论、寻求老师帮助等方式去解决问题，与此同时，老师也能从孩子们的表征中更加了解他们的游戏状态和需求。在解决如何挖渠的问题中，孩子们体验了合作游戏的乐趣，分工合作完成了挖水渠工程，积累了合作探索及社会交往的经验。

（二）教师

学习是一个复杂的过程，需要经验的积累，教师不能期望孩子们在短时间内快速地解决比较复杂的问题。在探究如何挖渠、如何引水的过程中，当幼儿提出自己的设想时，教师鼓励、引导幼儿实践，验证方法是否有效，给予幼儿充分的实践和探索的机会。在探究如何不让水消失的问题上，孩子们在游戏中通过一次、两次、三次，甚至更多次的自主尝试，对原有经验进行迁移，从而建立起新的知识经验。在这个过程中，教师要给予幼儿充分的游戏时间和自主探索机会，并鼓励、引导幼儿从多个角度思考和解决问题。

（石家庄市桥西区万科翡翠园幼儿园　安雅素）

微信扫码

AI 教学助手
内容图谱
知识图卡
保育笔记

二、规则与任务意识的培养

《指南》作为我国学前教育的重要指导性文件，其核心目标是促进幼儿身心全面、健康、和谐发展。在幼儿园教育中，规则与任务意识的培养是实现这一目标的重要手段。

在幼儿园教育中，规则与任务意识的培养是至关重要的。规则是确保幼儿在幼儿园安全、有序、愉快的环境中学习和成长的基础。而任务意识则有助于培养幼儿的责任意识和自我管理能力，为他们的未来发展奠定基础。通过制定合理的规则并培养幼儿的任务意识，可以帮助他们养成良好的行为习惯和自我管理能力。同时，这些技能将有助于他们在未来的学习和生活中取得成功。因此，幼儿园教师需要重视规则与任务意识的培养，采用科学的方法和策略，为幼儿的发展奠定坚实的基础。

幼儿园规则与任务意识培养是促进幼儿全面发展的重要手段。在培养过程中，需要关注家庭环境、幼儿园教育方式、教师专业素质等因素的影响，通过采取明确的规则制定、角色扮演游戏、正面教育以及家园共育等措施，帮助幼儿建立良好的规则意识和任务意识，为他们未来的发展奠定坚实的基础。

活动案例

我们的约定

视频二维码

▶ **活动背景**

　　3 到 6 岁被认为是幼儿秩序感发展的一个重要阶段。"无规矩不成方圆"，规则意识不仅对成人非常重要，对于逐步建立秩序的幼儿来说更是非常重要。它不仅有助于幼儿养成良好的行为习惯，还能提高幼儿的自我控制能力。

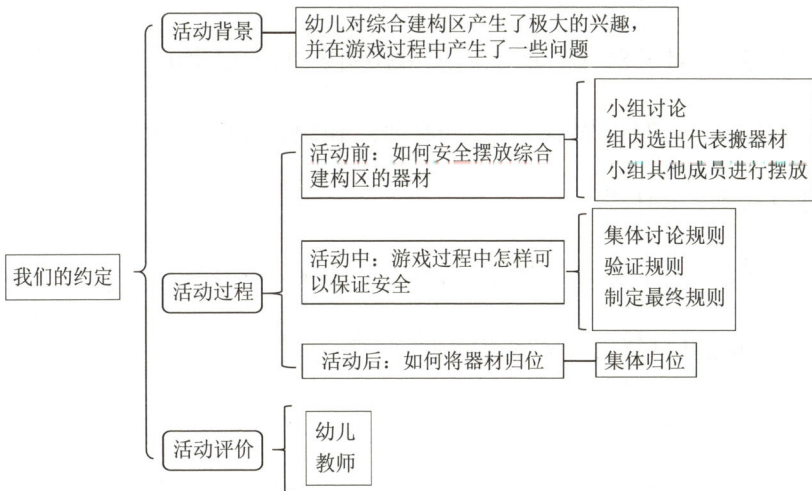

　　中班处于一个规则意识快速发展的时间，本学期幼儿对综合建构区产生了较为浓厚的兴趣。在长时间的游戏过程中，幼儿不断和游戏规则产生冲突，于是出现很多问题：较大的器材一个人搬不动

该怎么办？如何摆放器材更加高效、安全？游戏结束后器材如何归位？这些都是孩子规则意识开始发展的表现。作为教师，我们如何对幼儿规则意识进行引导呢？

▶ 活动过程

（一）活动前：如何安全摆放综合建构区的材料

在进行游戏之前，孩子们自愿结组分成三队进行游戏。在初步参观综合建构区的器材之后，幼儿们开始了讨论，商量各组的游戏计划。

辰辰："综合建构区的器材好大呀，有梯子、长木板、安吉箱，看起来好重呀！"

希希："对呀对呀，那我们怎么搬呀？木头很重的。"

妮妮："我们可以找人一起搬呀，和组内的同学商量好一起搬，就可以搬动了呀！"

希希："这个主意好！这样，再重的器材也不担心了，两个人都搬不动的就可以找四个人、更多的人。"

这时——提出了异议。

——："所有人都去搬器材的话太乱了，而且还容易碰到一起。"

妮妮："那我们可以选人去，然后其他人把他们搬过来的器材就地摆放不就可以了嘛。"

孩子们讨论过后，他们最终确定好了游戏计划，并决定由每组选择的人搬过来器材，其他人进行摆放。

教师思考：

游戏计划是一个游戏进行前的思路整理。在综合建构区，游戏前孩子们对于区域内的游戏器材有了初步的了解，由于此区域的器材较大，不容易搬运，并且极易受伤等特性，孩子们分组进行讨论，并根据器材的特征认真做好计划、制定规则，提高了幼儿游戏的兴趣，帮助幼儿增强了规则意识。

（二）活动中：游戏过程中怎样玩才能保证安全

综合建构区游戏过程中，孩子们发现了新的问题：一个器材上的位置有限，如果人数太多，将会由于太过拥挤造成危险。由此孩子们再次展开讨论。

雪雪："我们可以在玩之前和其他小朋友约好，梯子一次最多只能容纳两个人。"

琪琪："玩的时候还不可以推挤小朋友！"

讨论过后，孩子们进区继续玩耍，验证这种规则是否可以保证游戏时的安全。

教师思考：

随着游戏的不断深入，幼儿在游戏过程中发现了新的问题：如果器材上的人数太多，将会引发新的安全问题。针对这些问题，幼儿为了保证游戏的正常进行，不断结合自身情况进行思考，提出新的解决此类问题的规则：器材上单次限制人数、不推挤等。在游戏过程中，幼儿不断发现问题、解决问题，促进其规则意识不断提高。

（三）活动后：如何将器材归位

游戏结束之后，大多数幼儿纷纷拿上水杯来排队，之前摆放的器材却只有几个小朋友归位。一起进行的游戏，结束之后的器材由谁归位，如何归位呢？

琪琪："老师，有的小朋友不把自己玩的器材归位。"

诺诺："老师，这个当时不是我摆放的。"

老师："那我们一起思考一下，器材该由谁来归位呢？"

一一："游戏是大家一起玩的，不是自己摆放的也可以大家一起收。"

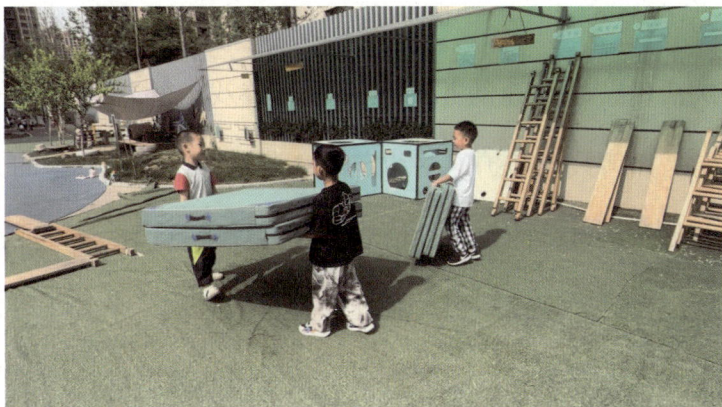

教师思考：

随着游戏过程的深入，孩子逐渐意识到规则对于团体活动来说的重要性，也意识到遵守规则是非常重要的。游戏结束后，由于起先没有制定相应的器材归位规则，大多数幼儿没把器材归位，纷纷来排队。于是，规则意识较强的幼儿提出了异议，引发了幼儿思考。最后，幼儿一起讨论制定器材归位的规则，树立规则意识。

▶ 活动评价

（一）幼儿

在游戏中，孩子认识到了规则对游戏开展的重要性，通过解决如何安全地摆放器材、如何有规则地进行游戏、如何将器材归位等问题，帮助幼儿树立规则意识。教师给予幼儿充分的实践机会，引导他们在体验中逐渐形成规则意识。

（二）教师

此次活动，教师让幼儿小组讨论：游戏中幼儿达成了什么约定？他们是如何共同守护这些约定的？请他们以绘画故事的方式展现出来，并介绍自己的作品，培养幼儿的规则意识，让幼儿在潜移默化中增强自己的规则意识。通过综合建构区这一平台，幼儿可以在实践中逐渐形成良好的规则意识，为他们的健康成长打下坚实的基础。

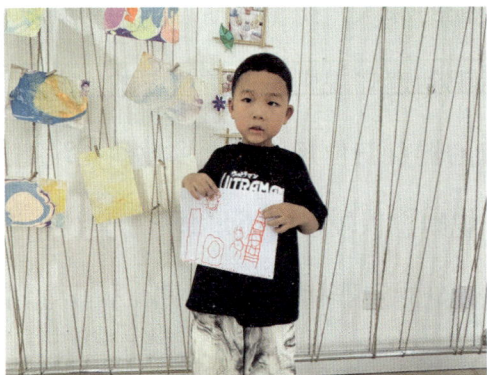

（石家庄市桥西区留村家园幼儿园　朱玉坦）

三、爱祖国、爱家乡、爱集体的情感

在 3～6 岁阶段，我们不仅要关注幼儿的身体健康和技能发展，还要注重培养他们的情感、价值观和社会责任感。良好的社会性发展对幼儿身心健康和其他各方面的发展都具有重要影响。在幼儿园的教育中，家庭、幼儿园和社会应共同努力，为幼儿创设温暖、关爱、平等的家庭和集体生活氛围。在良好的社会环境及文化的熏陶中，让幼儿学会遵守规则，形成基本的认同感和归属感。在幼儿期的生活活动中，家乡是其最为熟悉的环境，借助这一点，从爱家乡着手，可以培养幼儿对集体情感的感受力。

幼儿爱家乡可以为他们带来归属感和自豪感，增强他们的责任感，同时培养感恩心态和人际关系。这种情感有助于幼儿建立起对家庭、社区和国家的认同，促进他们形成健康的自我认同。通过了解家乡的历史、文化和自然环境，幼儿可以提高自己的文化素养，培养出对家乡的热爱。

活动案例

视频二维码

<h1 style="text-align:center">我的家乡石家庄</h1>

▶ 活动背景

在《幼儿园入学准备教育指导要点》社会准备中指出，对集体的热爱有助于幼儿适应班级和学校环境，初步建立对集体、家乡和祖国的归属感和认同感。《指南》社会领域中要求大班具有初步的归属感，能感受到家乡的发展变化并为此感到高兴。

清明小长假结束后，孩子们纷纷跟教师分享假期去了哪些地方，有的小朋友说去了石家庄动物园，有的小朋友说去了龙泉古镇，还有的小朋友说去了西柏坡纪念馆……原来石家庄好玩的地方真多呀，石家庄的美食有哪些呢？石家庄是如何发展起来的呢？一场以"我的家乡石家庄"为主题的探究活动开始了。

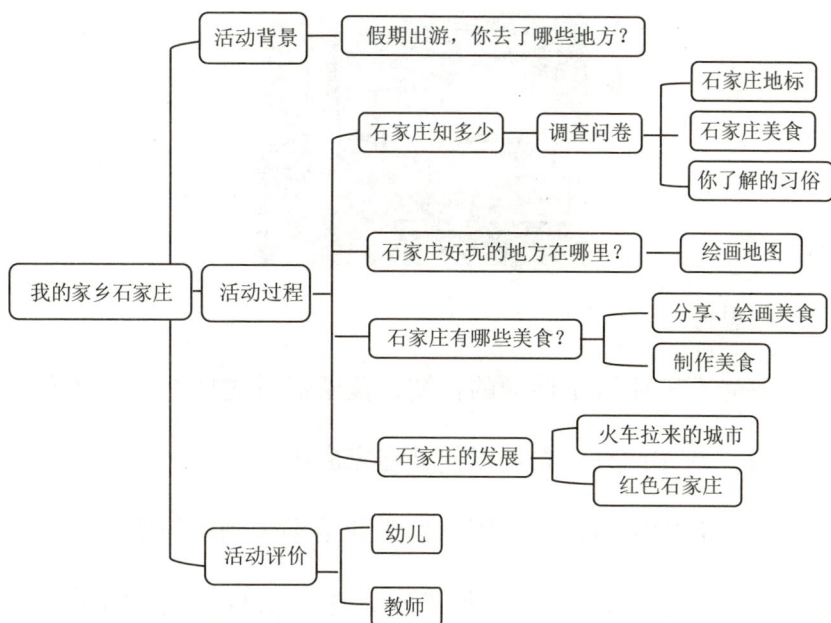

```
                          ┌─────────┐   ┌──────────────────────┐
                      ┌───│ 活动背景 │───│ 假期出游，你去了哪些地方？ │
                      │   └─────────┘   └──────────────────────┘
                      │                                              ┌──────────┐
                      │                                          ┌───│ 石家庄地标 │
                      │                 ┌──────────┐  ┌────────┐  │   └──────────┘
                      │             ┌───│ 石家庄知多少 │──│ 调查问卷 │──┤   ┌──────────┐
                      │             │   └──────────┘  └────────┘  ├───│ 石家庄美食 │
                      │             │                             │   └──────────┘
                      │             │                             │   ┌──────────┐
                      │             │                             └───│ 你了解的习俗 │
 ┌───────────┐        │             │                                 └──────────┘
 │           │   ┌─────────┐        │   ┌──────────────────┐  ┌────────┐
 │ 我的家乡石家庄 │──│ 活动过程 │────────┼───│ 石家庄好玩的地方在哪里？ │──│ 绘画地图 │
 │           │   └─────────┘        │   └──────────────────┘  └────────┘
 └───────────┘        │             │                             ┌────────────┐
                      │             │   ┌──────────────┐      ┌───│ 分享、绘画美食 │
                      │             ├───│ 石家庄有哪些美食？ │──────┤   └────────────┘
                      │             │   └──────────────┘      │   ┌──────────┐
                      │             │                         └───│ 制作美食   │
                      │             │                             └──────────┘
                      │             │                             ┌────────────┐
                      │             │   ┌──────────┐          ┌───│ 火车拉来的城市 │
                      │             └───│ 石家庄的发展 │──────────┤   └────────────┘
                      │                 └──────────┘          │   ┌──────────┐
                      │                                       └───│ 红色石家庄 │
                      │                                           └──────────┘
                      │   ┌─────────┐   ┌──────┐
                      └───│ 活动评价 │───┬─│ 幼儿 │
                          └─────────┘   │ └──────┘
                                        │ ┌──────┐
                                        └─│ 教师 │
                                          └──────┘
```

▶ **活动过程**

（一）石家庄知多少？

假期结束后，孩子们纷纷分享他们去了什么地方。

熙熙："我去了石家庄最新的打卡地'油菜花田'！"

泽泽："爸爸妈妈带我去了井陉露营，那里可真漂亮！"

随着孩子们分享假期出游的地方越来越多，于是，孩子们进行了调查问卷。

教师思考：

在探讨石家庄这个话题的初期，孩子们首先要对石家庄有个整体的了解，制作调查问卷可以使其在家庭中和父母一起探讨搜集关于石家庄的各种资料，并将探讨搜集的结果带到班级中，和小朋友们一起分享，为后续活动的开展进行铺垫，也是后续活动的基础。

（二）石家庄好玩的地方

根据调查表，孩子们分享了石家庄好玩的地方。

浩浩："石家庄的赵州桥可有名了！妈妈说那座桥都一千多岁了。"

兰兰："我还去过石家庄电视塔呢！"

淘淘："石家庄可真大啊，有那么多的地方。"

轩轩："老师，石家庄到底多大啊？小朋友说了那么多地方，到底有多少个好玩的地方啊？"

乐乐："咱们数一数不就知道了！"

可可："我们还可以画出来哦。"

轩轩："老师，你得拿大点的纸，不然怎么画这么大的地方啊！"

泽泽："这画出来也太小了吧。"

熙熙："我觉得幼儿园都已经很大了，它怎么才这么大。"

老师："是呀，把我们生活的地方缩小画在纸上标注位置就是地图了，未来我们可以看一看、画一画更多地方的地图。"

教师思考：

绘制家乡的地图可以让孩子们更加直观地了解石家庄的地理位置、地形地貌、名胜古迹等。绘制石家庄地图，孩子们需要观察、分析和理解空间关系，同时知道地图与现实的比例关系，不仅能够对赵州桥、正定古城等著名景点有了更深入的了解，还能够提高他们的空间认知能力和方向感。幼儿以合作绘画的方式进行表征，可以增进幼儿之间的合作与交流，在探讨与分享石家庄的相关话题时，逐渐培养了对家乡的自豪感。

（三）石家庄的美食

民以食为天，了解家乡的美食对于幼儿园小朋友来说是件非常有趣的事情。看着小朋友们分享调查表上的美食，玲玲说："真想吃一口啊！"

孩子们品尝了家乡的美食雪花梨、缸炉烧饼，并亲手制作宫面！

小朋友们和同伴共同绘画家乡的美食，有的孩子画吃的，有的孩子画"做吃的"。

教师思考：

美食是家乡文化的重要组成部分，代表了当地的历史、文化和生活方式。了解家乡的美食，让孩子们知道家乡的人们是如何生活的。在制作美食的过程中，幼儿习得家乡人是如何利用当地的食材烹饪出美味的食物的。制作美食有助于孩子们更好地融入社会，学会生活，还培养了他们的文化素养、情感认同和生活能力。

（四）石家庄的文化发展

1.石家庄——火车拉来的城市

为什么石家庄被称为"火车拉来的城市"？孩子们通过观看视频，了解整个历史的来龙去脉。

在区域活动开展时，孩子们自发地搭建了"石家庄站"。

轩轩："泽泽，你从那边开始搭吧，你叫石家庄站1号，我从这儿开始搭，我叫石家庄站2号，一会儿咱俩的站就合并了，哈哈哈！"

2.西柏坡——新中国从这里走来

周末的家庭小组实践活动，孩子们走进革命圣地，感受红色文化魅力。

教师思考：

幼儿了解历史的难点在于他们对复杂的历史事件和抽象的概念理解起来有难度。此外，红色历史往往涉及战争、牺牲等严肃话题，需要以适当的方式传达给小朋友，而看视频、做绘本、搭积木、唱红歌的形式会提高孩子们的可接受度。历史中蕴含的价值观，如勇敢、坚强、无私、奉献等，都是小朋友成长过程中需要学习和培养的品质。

▶ 活动评价

（一）幼儿

幼儿对自己的家乡展开的调查活动非常有意义，体现了其对家乡的热爱和好奇，同时符合其爱祖国、爱家乡的精神。通过打卡地标、游览名胜古迹、品尝和制作美食以及了解家乡的历史，幼儿不仅增长了知识，还加深了对家乡文化的认同感和自豪感。这些活动能够帮助小朋友建立起对家乡的深厚情感，培养对传统文化的尊重和传承意识。同时，这样的实践活动能促进小朋友的全面发展，提高实践能力和社会责任感。这样的过程使每一个小朋友都变成了家乡的宣传小使者，为宣传石家庄贡献自己的力量。

（二）教师

在活动中，教师让孩子们通过参与社区服务，将爱家乡的情感落实到实践中，不仅学到了更多的社会实践经验，还能培养幼儿的社会责任感。爱集体，爱家乡，爱祖国的情怀不是在一朝一夕之间形成的，而是需要通过长期的教育和培养，逐渐在孩子们心中生根发芽的。让他们从小就学会关心集体、关心社会，从而形成正确的价值观和世界观。

（石家庄市桥西区留村家园幼儿园　王迎雪）

我的班集体

▶ **活动背景**

随着教育改革的不断深入，幼小衔接成为教育领域关注的焦点。

幼儿园与小学是两个截然不同的教育阶段，孩子们在幼儿园时期主要以游戏和活动为主，而进入小学后则需要逐渐适应更为规范的学习和生活。这种转变对于孩子们来说是一个全新的挑战，也是他们成长过程中的一个重要阶段。因此，让孩子们提前了解小学生活，做好心理准备，就显得尤为重要。

通过讲解小学生一日流程，邀请小学生讲解日常生活和学习经验，组织孩子去小学参观等环节，幼儿可亲身感受小学的学习氛围和校园环境。

综上所述，此次活动的举办，旨在帮助幼儿园的小朋友们更好地了解小学生活，为他们顺利过渡到小学阶段打下坚实的基础。我们相信，通过这样的活动，孩子们一定能够更加自信、从容地迎接未来的挑战。

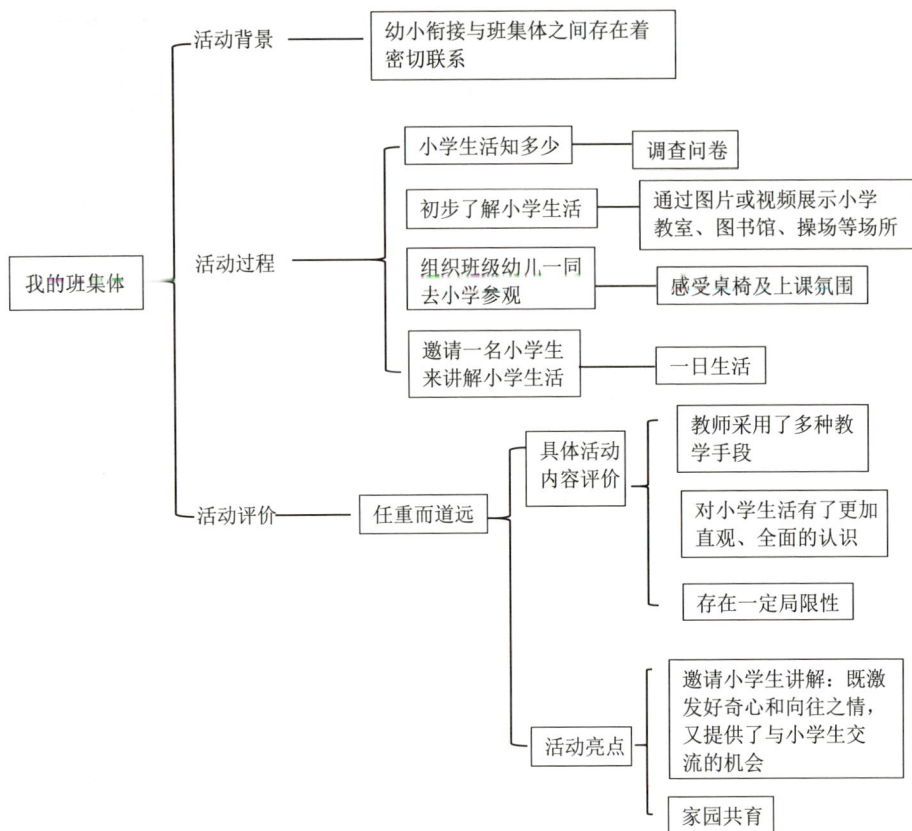

活动背景 —— 幼小衔接与班集体之间存在着密切联系

我的班集体

活动过程
- 小学生活知多少 —— 调查问卷
- 初步了解小学生活 —— 通过图片或视频展示小学教室、图书馆、操场等场所
- 组织班级幼儿一同去小学参观 —— 感受桌椅及上课氛围
- 邀请一名小学生来讲解小学生活 —— 一日生活

活动评价 —— 任重而道远

具体活动内容评价
- 教师采用了多种教学手段
- 对小学生活有了更加直观、全面的认识
- 存在一定局限性

活动亮点
- 邀请小学生讲解：既激发好奇心和向往之情，又提供了与小学生交流的机会
- 家园共育

▶ **活动过程**

（一）小学生活知多少

大班生活开始了，孩子们都对小学生活充满了憧憬与向往。

牛牛："小学的操场特别大，有篮球场和足球场。"

一一："我姐姐说小学可好了，那里课间活动可自由了。"

孩子们决定对小学做一个小调查，看看小学生活到底是怎么样的。

120

教师思考：

孩子们在幼小衔接过程中会遇到多方面的挑战。首先，学习环境的变化会让他们感到不适应，从幼儿园到小学，学习环境、教学方式都发生了很大的变化，需要他们逐渐适应。其次，学科知识的增多和难度的提升也是一个挑战，小学相对于幼儿园来说，学科知识更加系统、深入，需要孩子们付出更多的努力去学习。此外，社交环境的变化也会让孩子们感到困惑，他们需要适应新的社交规则，与更多的同龄人建立友谊。

（二）初步了解小学生活

孩子们通过图片和视频观看小学教室、图书馆、操场等场所。

可可："老师，小学到底都能做什么啊？我们班的小朋友会不会都在一起啊？"

教师："咱们先来看一看小学里的一日生活吧，先从视频里面寻找答案。"

教师："视频看完了，除了视频中这些内容，你们想一想小学生活还可能会是什么样子的呢？你们从哥哥、姐姐们那里听到过哪些事情呢？请你们用手中的画笔画出来吧！"

教师思考：

在初步了解小学生活的环节中，通过故事、图片和视频等多种形式展示小学生活的点滴。然而，仅依靠这些平面的信息，孩子们对小学生活的理解仍停留在表面。幼儿虽然能够说出一些小学的特征，如"小学有更大的操场""小学要学习更多的科目"，但对于小学的生活节奏、师生关系等深层次的内容仍然缺乏深刻的理解。

因此，应更加注重引导孩子们通过亲身体验和互动来了解小学生活。比如，可以组织一些模拟小学课堂的活动，让孩子们亲自体验小学的学习氛围；或者邀请小学生来与孩子们互动，分享他们的真实生活经历。

（三）组织班级幼儿一同去小学参观

教师："今天我们看了这么多图片和视频，小朋友们想不想去小学看一看真正的小学生活呢？"

幼儿："想。"

老师："但是哥哥姐姐们现在正在上课呢，我们到了小学，脚步静悄悄，嘴巴静悄悄，小朋友们可以做到吗？"

幼儿："可以。"

教师："那我们出发吧。"

教师思考：

参观小学的环节中，教师带领幼儿走进附近的一所小学，让他们亲身感受小学的环境和氛围。这个环节无疑是最直观、最生动的，孩子们在参观过程中表现出了极大的兴趣和好奇。

然而，仍会发现一些问题。首先，由于时间和人数的限制，无法长时间停留在小学的每个角落，导致孩子们对小学的了解仍不够全面。其次，部分孩子在参观过程中过于兴奋，难以保持秩序，给小学的正常教学带来了一定的影响。

针对这些问题，可在未来的参观活动中提前与小学方面沟通，争取更多的参观时间，并加强对孩子们的纪律教育，确保幼儿能够有序地参观小学。

（四）邀请一名小学生来讲解小学生活

教师："今天老师还为你们请来了一个一年级的小姐姐，让小姐姐给你们讲一讲她从幼儿园到小学的不同感受吧。"

一年级小学生为幼儿讲解小学的一日生活以及幼儿园和小学感受最大的变化有哪些。

教师思考：

在邀请小学生讲解小学生活的环节中，特邀请了一位小学生来与幼儿分享小学的日常生活和学习经验。这个环节收到了很好的效果，孩子们听得津津有味，对小学生活有了更加直观的认识。

由于邀请的小学生数量有限，不能覆盖所有方面的小学生活，导致幼儿的了解仍然存在一定的片面性。小学生的讲解方式可能过于简单、直接，缺乏足够的吸引力，使得部分孩子的注意力不够集中。

在未来的活动中，可邀请更多的小学生来分享他们的经验，并提前沟通，指导他们采用更加生动有趣的讲解方式。

▶ 活动评价

（一）幼儿

此次活动是一次旨在帮助幼儿园孩子们初步了解小学生活、为幼小衔接做好准备的综合性活动。通过初步了解小学生活、邀请小学生讲解以及去小学参观等多个环节，孩子们对小学生活有了更加直观、全面的认识，为他们未来的学习生活打下了良好的基础。

（二）教师

在初步了解小学生活环节中，教师采用了多种教学手段，如故事、图片和视频等，使孩子们对小学有了初步的印象。然而，这一环节仍存在一定的局限性，孩子们对小学生活的了解仍然停留在表面，缺乏深入的理解和体验。

（石家庄市桥西区第三幼儿园龙湖天璞分园　徐言琪）

微信扫码
- AI 教学助手
- 内容图谱
- 知识图卡
- 保育笔记

第四节　学习准备

一、学习兴趣与学习习惯的培养

兴趣是成长的第一任老师，是幼儿学习的动力源泉，也是幼儿情感的直接表达方式。学习兴趣有助于幼儿形成积极的学习态度，当孩子们对学习充满热情时，他们会更加乐于接受挑战，勇于尝试新事物。这种积极的学习态度不仅能让孩子容易获得知识，还能培养他们的自信心和毅力。幼儿的学习兴趣可以激发其内在学习动力。在幼儿学习的过程中激发其学习兴趣，这也符合幼儿的个性发展。在符合幼儿认知及年龄特点的基础上进行教学，可以提高幼儿的自主性，促使其主动学习。

幼儿的学习习惯也很重要，而幼儿期是孩子学习习惯养成的关键时期。良好的学习习惯有助于提高幼儿的学习效率和效果，通过规律性的学习和复习，幼儿能够更好地掌握所学知识，巩固记忆，还可以减少幼儿在学习过程中的分心和干扰，提高学习效率。良好的学习习惯可以使幼儿更好地掌握和理解知识，提高幼儿的自我思考和自我解决问题的能力，培养幼儿学习的自律性及终身学习的习惯，有利于幼儿的全面发展，为幼小衔接打好基础。好的学习习惯包括收拾整理自己书包的习惯、上课时认真听讲的习惯、课后能做到自主复习的习惯等。好的学习习惯是幼儿适应小学生活的重要条件。

视频二维码

活动案例

<h2 style="text-align:center">小学畅想曲</h2>

▶ **活动背景**

　　《幼儿园入学准备教育指导要点》学习准备中指出，保护幼儿的好奇心和主动性；接纳、鼓励幼儿对新事物的观察、提问等探究行为。教师期待幼儿通过对小学生活的讨论，提出问题、寻求方法、解决问题，唤起他们对小学生活的憧憬。班里孩子时不时地讨论起"神秘"的小学生活："小学中午用不用午睡？""小学的操场有滑梯吗？"……一场关于小学的探索之旅开始了。

```
                                      ┌─────────────────────────┐
              ┌──── 活动背景 ────────│ 对未知的小学生活和学习充满好奇和憧憬 │
              │                       └─────────────────────────┘
              │                                                    ┌──── 畅想心目中的小学
              │                 ┌── 问题1.心目中的小学是什么样子的？──┤
              │                 │                                   └──── 幼儿园和小学大不同
              │                 │                                                      ┌── 书包、书本
  ┌───────┐  │                 │                            ┌── 学习用品准备 ──────┤
  │小学畅想曲│──┼──── 活动过程 ──┼── 问题2.小学需要准备的物品有哪些？─┤             └── 铅笔、橡皮
  └───────┘  │                 │                            │                        ┌── 水杯
              │                 │                            └── 生活用品准备 ──────┤
              │                 │                                                     └── 纸巾
              │                 │                                   ┌── 参观体验计划书
              │                 └── 问题3.参观小学前需要准备什么？──┤
              │                                                     └── 路线图
              │                                 ┌── 心目中的小学调查表
              └──── 活动评价 ────────────────┼── 搭建心目中的小学
                                                ├── 物品分类统计图
                                                └── 幼儿分享经验
```

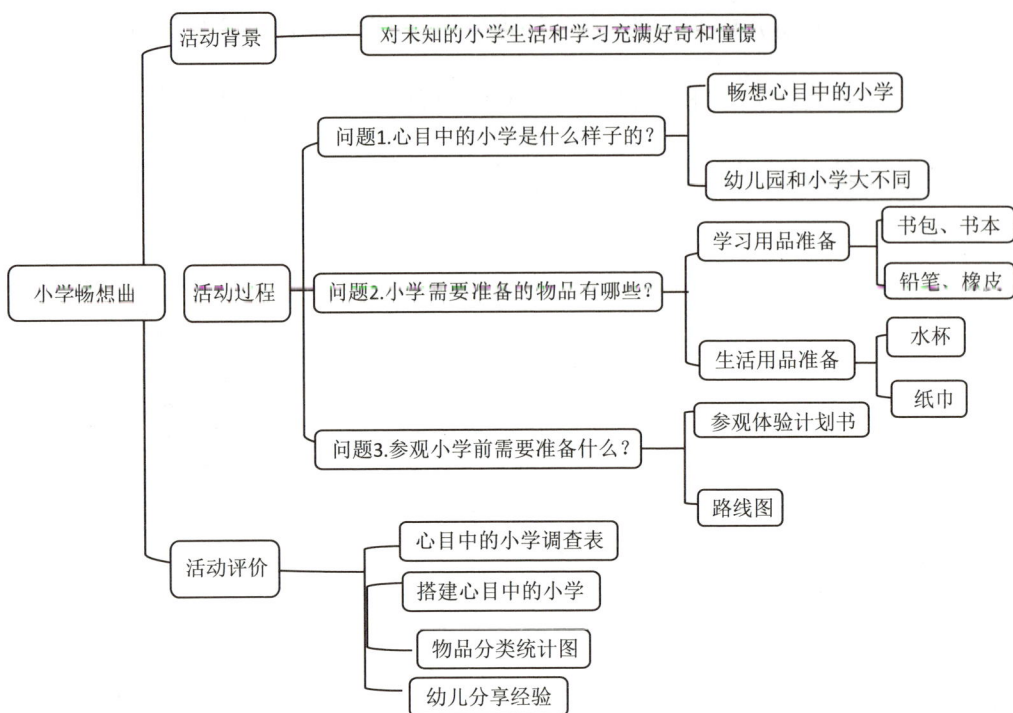

（一）心目中的小学是什么样子？

晨谈时间开始了，孩子围坐在一起开始讨论关于小学的那些事了。

乐乐："你们觉得小学是什么样的？"

年年："小学有大楼，有五星红旗。"

可可："我觉得小学很漂亮，有种植园。"

果果："小学里面有大的操场、黑板、粉笔、讲台。"

于是，孩子们绘画了心目中的小学，同时化身"小记者"。

教师思考：

《纲要》中提出，教师要善于发现幼儿感兴趣的事物、游戏和偶发事件中所隐含的教育价值，把握时机，积极引导。孩子们通过讨论心目中的小学，绘画心中的小学，变身为小记者采访，表达力、想象力、交往能力得到了不同程度的提升。

（二）小学需要准备的物品有哪些？

准备一：学习用品的准备

乐乐："上小学我们需要准备铅笔。"

欢欢："还要准备书包。"

涵涵："还需要用到尺子、橡皮等。"

家长和幼儿一起展开亲子调查，探讨小学需要准备的学习物品。

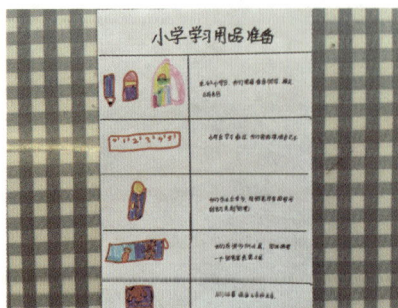

准备二：生活用品的准备

飞飞："升小学后，我需要换一个大水杯。"

凯凯："我姐姐的书包里经常装着纸巾。"

月月："书包里还要装一把雨伞，以防下雨。"

孩子们将自己了解到的关于小学需要准备的生活物品以绘画的形式画出来，并且还进行了整理书包大比拼活动。

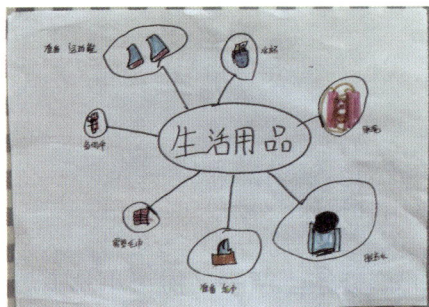

教师思考：

教育部在《关于大力推进幼儿园与小学科学衔接的指导意见》中明确指出，幼儿园大班下学期要有针对性地帮助幼儿做好生活、社会和学习等多方面的准备。小学的学习内容更加丰富，需要更多的学习工具。书包、铅笔、尺子等，可以帮助他们更好地适应小学的学习节奏。另外，通过引导幼儿掌握必备的生活技能，帮助他们培养独立的能力，更好地适应小学的生活。

（三）参观小学前需要准备什么？

木木："听说我们马上就要去参观小学了，如果找不到路怎么办？"

可可："我们先问爸爸妈妈，然后画出路线图，这样就不会迷路。"

乐乐："我们去之前需要做一个计划，把想参观的地方都记录下来。"

于是，孩子们对需要准备的物品进行了讨论，并用绘画的方式表征记录，还绘制了去小学的路线图。

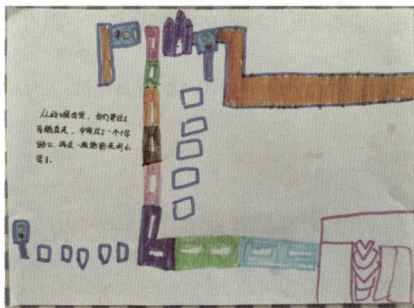

教师思考：

大班幼儿为顺利参观小学做了充分准备，绘制路线图加深对小学路线的印象，在通往小学的路上更加自信。通过对小学所需要准备物品的讨论，引导幼儿更好地了解小学的生活、学校的环境、教学方式等等，提前为孩子做好心理准备，对小学生活有个更全面的了解，以便更好地适应未来的学习生活。

▶ 活动评价

（一）幼儿

在畅想小学的活动中，幼儿通过调查表了解心中的小学，通过绘画表征、语言表达分享自己的感受等，激发了大班幼儿对小学生活的向往。幼儿期的孩子对新鲜事物总是充满好奇，现在小学就成为他们探索的重点，这种期待和好奇心将驱使他们积极地面对小学的学习生活，减轻他们的焦虑感，更好地适应小学。

（二）教师

教师及时发现幼儿对小学的兴趣点，从正面引导幼儿，激发幼儿对小学的向往，通过多种形式支持幼儿，如小记者采访、整理书包大比拼等，帮助幼儿养成良好的学习习惯，为顺利地升入小学做好学习准备和生活准备。

（石家庄市桥西区万科翡翠园幼儿园　李宝丽）

二、幼儿前书写能力发展

前书写能力是幼儿在发展读写学习的一部分，这也是幼儿在探索书面语言时的主要行为。前书写核心经验包含三条：一是建立书写行为习惯的经验，二是感知理解汉字结构的经验，三是学习创意书写表达的经验。幼儿的前书写经验不是靠一次活动一蹴而成的，需要在日常的教育活动中进行生活经验和活动经验的梳理提升，同时在生活中加以运用，让幼儿有书写和情感表达的机会。

3～6岁是幼儿语言发展的重要时期，在这一阶段幼儿的前书写能力处于前书写三个核心经验的初始阶段：一、能随意地涂鸦或者线条假装书写；二、感知方块字的魅力，并且能将图画进行区别；三、模仿成人书写，借助图画来表达想法。

兴趣是学习最好的老师，为了让幼儿对书写及表达产生兴趣，教师应创设幼儿感兴趣的书写环境，做好必要的书写准备。引导幼儿主动地进行书写，不应强迫幼儿，在幼儿书写时教师可以示范正确的书写姿势，帮助幼儿学习从上到下、从左到右的用笔技能，重在保护幼儿写画的兴趣，而不是机械地训练，从而使幼儿前书写经验得到积累和发展。

活动案例

一封书信

视频二维码

▶ 活动背景

　　《指南》语言领域中指出，让幼儿在写写画画的过程中体验文字符号的功能，培养书写兴趣。在日常活动中，教师发现孩子们比较喜欢写写画画。孩子们在阅读《点点和哆咪的信》以后，逐渐开始动手尝试来写一封信，这让教师意识到信也是促进幼儿前阅读和前书写能力发展的一种载体。同时，在写信的过程中一些问题随之出现。跟随孩子们的兴趣以及出现的问题，一封书信的活动开始了……

微信扫码
- AI 教学助手
- 内容图谱
- 知识图卡
- 保育笔记

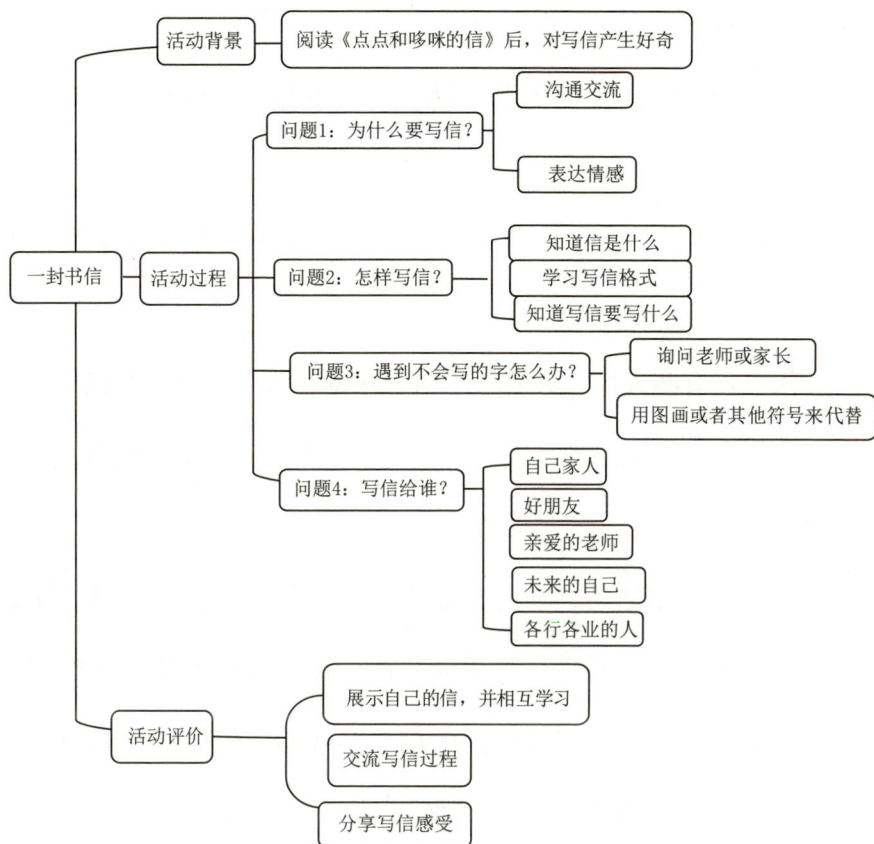

```
                         ┌ 活动背景 ── 阅读《点点和哆咪的信》后，对写信产生好奇
                         │                                    ┌ 沟通交流
                         │              问题1：为什么要写信？ ─┤
                         │                                    └ 表达情感
                         │                                    ┌ 知道信是什么
                         │              问题2：怎样写信？ ─────┤ 学习写信格式
              ┌ 活动过程 ┤                                    └ 知道写信要写什么
              │          │                                          ┌ 询问老师或家长
  一封书信 ───┤          │ 问题3：遇到不会写的字怎么办？ ─────┤
              │          │                                          └ 用图画或者其他符号来代替
              │          │                          ┌ 自己家人
              │          │              问题4：写信给谁？ ─┤ 好朋友
              │          └                          │ 亲爱的老师
              │                                     │ 未来的自己
              │                                     └ 各行各业的人
              │              ┌ 展示自己的信，并相互学习
              └ 活动评价 ────┤ 交流写信过程
                             └ 分享写信感受
```

▶ **活动过程**

（一）为什么要写信？

初次读完绘本之后，孩子们在讨论完信的内容之后，又开始讨论：为什么要写信，而不是直接打电话发微信？

萱萱："点点和哆咪住在山里，山里的信号不好，所以他们才写信。"

暖暖："我听妈妈讲过，以前是没有手机的，要是两个人想要一

起出去玩，只能通过写信告诉对方。"

瑶瑶："如果我不好意思跟别人面对面表达自己的想法，我就可以给他写信。"

通过孩子们自由地讨论为什么要写信，我们一起总结了写信的原因。

原因一：有些人比较害羞，不擅长用语言表达，所以写信。

原因二：在手机出现之前，写信是最主要的传递信息的方式。

教师思考：

在阅读完绘本之后，幼儿也想尝试写一封信。借此，以幼儿的兴趣为出发点，以"写信"为活动载体，在教育活动中通过提问以及主题创设的方法，可丰富幼儿的前书写经验，提高幼儿的前书写能力，让幼儿意识到可以通过图画符号来表达自己的想法。

（二）怎样写信？

策略一：知道信是什么

阳阳："信就是在纸上写字。"

可可："信就是让别人知道我很想他。"

幼儿知道了信是什么，了解了信的作用，每一位幼儿都在跃跃欲试想要开始写一封信。

策略二：学习信的格式

一一："点点和哆咪写的信，每一封信上都有他们两个人的头像，还有他们要去做的事情。"

彤彤："他们写信的内容还有箭头表示，要按照箭头方向来读。"

贝贝："在信封上还有点点和哆咪的头像，还有两个字，是'收'和'寄'。"

通过认真地解读点点和哆咪写的信，幼儿了解了写信的格式包括称呼、正文及署名，在信封上也要写上收信人和寄信人。

策略三：知道写信要写什么

通过讨论，幼儿知道了写信可以提前约好朋友一起出去玩，也可以向家人及老师表达自己的情感。

教师思考：

前书写也是一项很复杂的感知运动技能，幼儿在写信的过程中提升了空间知觉能力以及时间计划管理能力、思维能力等等。幼儿在尝试写信过程中运用到的图画、图形等都是知识可视化的一种符号书写。

幼儿的想法十分丰富，写信的内容也十分广泛，并且由于写信的对象不同，幼儿在信中所表达的内容也不同，这样可以激发幼儿对写信的兴趣，让幼儿在写信时有话可说。

（三）问题：遇到不会写的字怎么办？

虽然大班幼儿通过生活经验的积累以及日常学习，认识了很多字，但是在写信的过程中，难免会遇到自己不会写的字。于是，我们开始讨论：遇到不会写的字怎么办？

欣欣："我可以画出那个字。"

程程："要是有妈妈或者老师在的话，我可以直接问妈妈或者老师。"

于是，孩子们通过写信表达出来的是各种各样的，有图画，有汉字，还有照着家长的字"画"出来的，这样一封信也就产生了。

（四）问题：写信给谁？

老师："点点和哆咪互相写信，那你的信要写给谁呢？"

洛洛："我爱我的爸爸妈妈，我要写信给他们。"

天天："放假我想和好朋友一起玩，我要给他写信。"

浩浩："我喜欢我们班的老师，我要给老师写信。"

涵涵："马上就要上一年级了，我想给一年级的自己写一封信。"

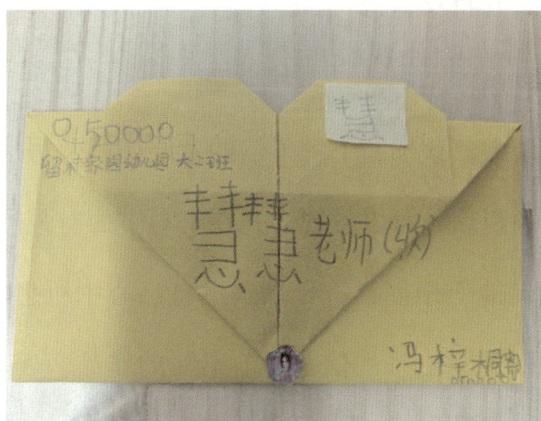

教师思考：

前书写的核心经验是要与幼儿的学习兴趣和已有生活经验结合在一起的，并不是单一存在的。通过小组讨论，幼儿确定了写信的对象，并明确写信指向，产生了强烈的书写愿望。为了激发幼儿在纸上表达的兴趣，教师可以创设不同的情境来帮助幼儿维持兴趣。

▶ 活动评价

（一）幼儿

一支笔、一张纸、几个方块字、一些有趣的图，就组成了一封信。写信促进了幼儿的情感表达，发展了幼儿的思维能力及空间方位能力等等。在写信过程中，幼儿的前书写经验得以发展，同时幼儿在写信后相互分享、互相学习、交流写信的过程、互相探讨写信时遇到的困难如何解决，将幼儿的前书写经验和生活经验加以结合，促进幼儿书写能力的发展。

（二）教师

在活动开展中，孩子们了解了信的主要作用及写信的主要格式，并且尝试写了一封信，可以发现幼儿在书写方面有强烈的表达意愿，会自发地、主动地运用创意符号来表达自己心中所想，进行简单的前书写表达。幼儿写出来的信，是前书写的作品，表现出了幼儿对汉字的理解和认识。

作为教师，要关注幼儿的前书写经验的表达，引导幼儿运用自己所熟悉的、有创意的符号进行表达，同时在日常生活中鼓励幼儿大胆辨认汉字，尝试用认识的汉字进行表征。

（石家庄市桥西区留村家园幼儿园　杨玉丹）

巧手制图书

视频二维码

▶ **活动背景**

　　晨间播报时间到了，月月小朋友把自己制作的故事书拿来幼儿园和大家分享。听完月月讲的故事，教室里沸腾了起来。"好漂亮呀！""太有趣啦！""你是怎么做的呀？"有小朋友提出："要不，我们也来做一本自己的故事书吧！"于是，孩子们开启了一场自制图书之旅。

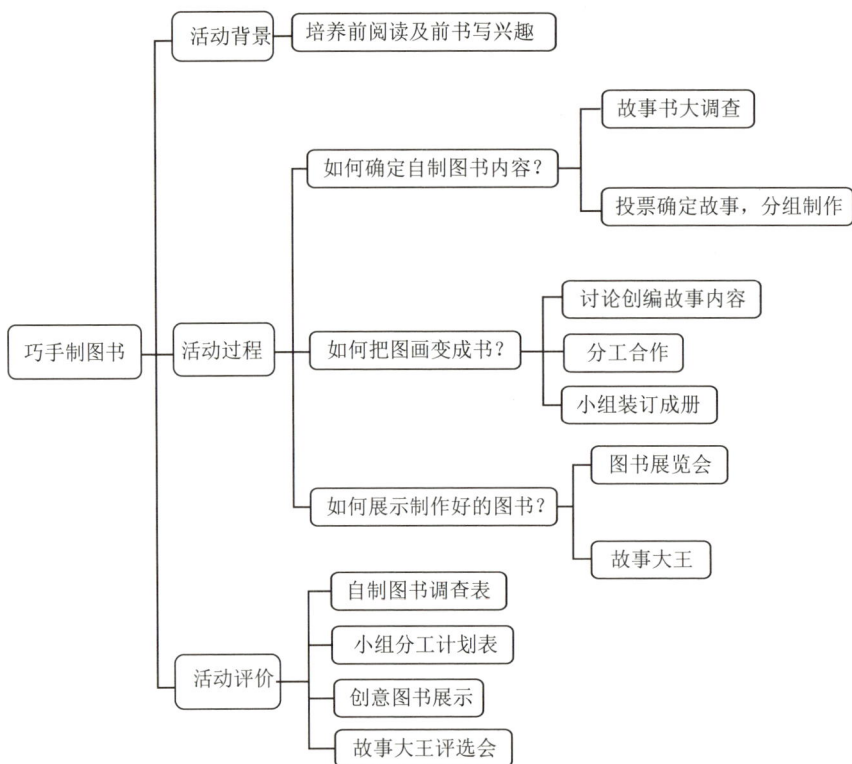

▶ **活动过程**

（一）如何确定自制图书内容？

在制作故事书之前，孩子们针对提出的疑问做了故事书大调查，并总结出一本故事书是由封面、环衬、内页和封底组成，故事里包含时间、地点、人物和事件。

孩子们争先恐后地讨论着：有的想画地球的故事，有的想画打仗的故事，有的想画公主的故事。于是，孩子们自主投票、自行分组，确定了四类故事。

教师思考：孩子们有意识地了解故事书的组成，回家后与家长一起探索并记录。孩子们积极动脑创编故事内容，想象力得到了发展。这就是孩子们主动、自发地学习。教师应做好观察者和支持者的角色，引导幼儿在已有的经验基础上进行提升。

（二）如何把图画变成书？

1. 第一次制作

经过小组成员的讨论后，开始了第一次创作。很快，孩子们发现了问题。

程程："他画的跟我们之前讨论内容不一样。"

小恩："他和我画的内容重复了。"

多多："他没有和我们商量就把这把枪画上去了。"

针对孩子们的问题，我们开展了一次讨论。孩子们决定在制作故事书前每组做一份思维导图，确定好故事的名字、内容及顺序，确定好封面及每一页制作者的人员分工。

2. 第二次制作

有了思维导图，孩子们的第二次制作显得井然有序。

3. 装订成册

故事书画好了，孩子们自主选择材料进行装订。

第一组：订书机，适合我们这种纸张数量少的。

第二、三组：夹子，如果我们需要添加故事，夹子可以很方便地拆开组装。

第四组：麻绳和打孔器。麻绳可以打成蝴蝶结，既能固定书本又好看。

孩子们按照自己的想法进行了装订，但很快发现了问题，随后各小组讨论出解决办法。

组别	问题	解决办法
订书机组	钉子钉得歪歪扭扭，不美观。	纸张对齐，放一把尺子，将钉子钉在尺子旁边。
夹子组	夹子会遮挡画面。	夹在没有画的地方或画时留出夹子的位置。
打孔器组	会打出不完整的孔。	整理整齐，角和角对齐，再打孔。

教师思考：幼儿自制的图书，体现每个孩子对图书结构的理解，促使他们将自身的体验和感受结合自己特有的想象力，通过图书的形式呈现出来。第一次制作后孩子们发现问题，教师引导幼儿讨论，用画思维导图的方法分工合作，社会性的发展以及思辨能力的发展也得到了一定的提高。

（三）如何展示制作好的图书？

故事书制作完成了，每组孩子都想分享自己的故事，于是大家决定举办一场故事大王评选会。

▶ **活动评价**

（一）幼儿

幼儿在活动中，始终保持积极主动的态度，通过多种方式的学习和合作，克服了困难，完成了内容的设计和将图画变成书、完整制作书本等一系列的任务。幼儿在自由、宽松的环境中，与同伴一起讲故事，从而想说、敢说、喜欢说，在潜移默化中发展了语言表达能力、丰富想象力及社会交往能力。

（二）教师

大班幼儿正处于幼小衔接的重要时期，良好的阅读习惯，将影响孩子一生。因势利导，教师用"创编并自制图书"的方式，分享孩子们的认知和情感世界，发展孩子们的表达、记录、想象、创造的能力。在这个过程中充分调动幼儿主动学习的愿望，又提高解决问题的能力，有效提升了幼儿的学习品质，让幼儿真正成为自由且主动的学习者。

（石家庄市桥西区留村家园幼儿园　史梦美）

三、幼儿专注持续地完成任务

专注力，是指一个人专心于某一件事物或活动时的心理状态。持续良好的专注力，对幼儿小学入学后学习成绩的好坏，以及孩子今后的可持续发展起着非常重要的作用。专注力也称"注意力"，是每个人工作和生活中都需要的一种基本能力。《指南》的"说明"中强调，重视幼儿的学习品质应作为实施的重要指标之一，并明确指出：幼儿在活动过程中表现出的积极态度和良好的行为倾向是终身学习与发展所必需的宝贵品质。培养幼儿认真专注的学习习惯，不仅有助于孩子入学后更好地去吸收知识、理解知识、完成各种任务，对其终身学习也有着很大的助益。

当孩子热衷于某一件玩具并长时间摆弄时，不知不觉中也锻炼了他的恒心和毅力。当孩子能够把注意力集中于某件事情的时候，他们就会主动去探求未知的东西，深入地思考问题，寻求解决问题的方法。幼儿专注力是幼儿在学习、解决问题和完成任务时所需的关键技能之一。通过培养幼儿的专注力，可以帮助幼儿更好地掌握知识和技能，提高幼儿的学习效果和记忆力，此外，有助于培养幼儿的自律和坚持不懈的品质。

活动案例

视频二维码

涂鸦区里趣事多

▶ 活动背景

涂鸦是幼儿通过美术活动进行自我表现的起点，也是幼儿美术发展不应逾越的初级阶段。涂鸦为幼儿提供了一个无拘无束，释放天性的机会，满足了幼儿强烈的创造需求。涂鸦手脑并用，客观上增进了幼儿手、脑协调和控制能力，激发了幼儿的想象力和创造力，培养了幼儿的专注力。孩子们每次户外散步或游戏时，总喜欢捡起地上的石头摸一摸、看一看。有的孩子说："这块石头摸着好光滑

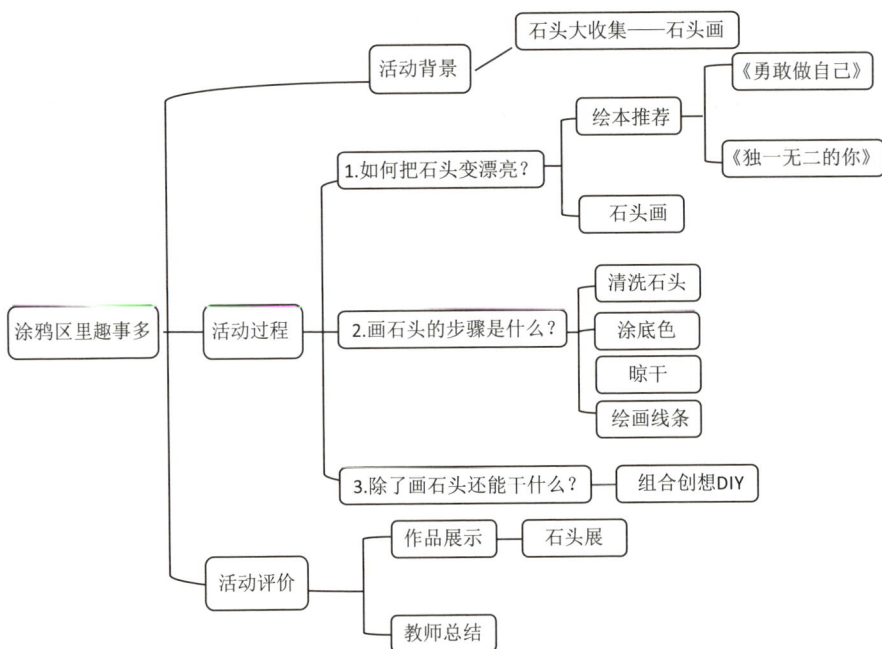

```
                                          石头大收集——石头画
                      活动背景
                                                      《勇敢做自己》
                                              绘本推荐
                      1.如何把石头变漂亮？                《独一无二的你》
                                              石头画
                                                      清洗石头
涂鸦区里趣事多   活动过程    2.画石头的步骤是什么？        涂底色
                                                      晾干
                                                      绘画线条
                      3.除了画石头还能干什么？   组合创想DIY
                                  作品展示    石头展
                      活动评价
                                  教师总结
```

呀，看起来像一块宝石。"有的孩子说："这块石头好像一个圆圆的脑袋；这块石头好大，我可以在上面画画！"看到孩子们对石头有着强烈的兴趣，在家长的陪伴下进行了石头大收集。由此，我们开启了一段石头的艺术之旅。

▶ **活动过程**

（一）问题：如何让石头变漂亮？

通过石头大收集，小朋友们回到幼儿园和老师、同伴分享讨论。

朵朵："我想把石头涂成彩色的。"

天天："我想在石头上画我自己。"

涵涵："我要把石头变成一个大饼！"

借助绘本《勇敢做自己》和《独一无二的你》，故事当中作者把石头变成了形色不同、花纹各异的石头鱼。通过这两本绘本中的故事，孩子们突发奇想，迫不及待地想要给石头穿上漂亮的"外衣"。

（二）问题：画石头的步骤是什么？

面对着一筐的石头，孩子们非常开心，他们穿好围裙，拿起画笔，争抢着去蘸颜料，肆意地在石头上涂涂画画。

玥玥："我涂完的石头为什么颜色不均匀，脏脏的呢？"

婷婷："你的石头上面是不是有土呀？应该去洗一洗。"

嘟嘟："我在涂好颜色的石头上画画，为什么颜色混在一起了？"

朵朵："你得把涂好颜色的石头放到蛋托上晾一晾！"

孩子们边画边交流，寻找着问题所在。在游戏结束后，孩子们回班进行讨论，各自分享自己在游戏中遇到的问题，大家纷纷出主意，最后整理出来了画石头的步骤。

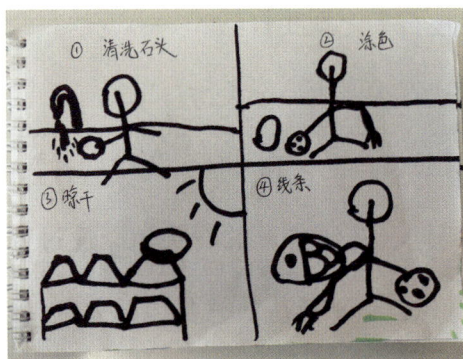

教师分析：在这次游戏中，孩子们通过自己的实践，找到了画石头的步骤，并且绘画出了各式各样的石头画作品。

（三）问题：除了画石头还能怎么玩？

浩浩："我在圆圆的石头上画了五官，变成了人的头，细长的石头当做人的胳膊和腿，还有一个椭圆形的石头当做人的身体，把它们组合起来就可以变成一个完整的石头人啦！"

朵朵："我用一个大大的圆形石头当作向日葵的花盘，小石头是它的花瓣。老师，你看像不像呢？"

依依："我从地上捡了一个树枝放在纸上变成了一棵大树，树上的是小鸟石头。"

教师思考：

在自然环境中，孩子们通过发现身边的材料，激发了他们的创造力，让他们在创作中更有灵感，有自己独特的想法和创意，能创造性地使用材料。

玥玥："老师，你帮我把石头粘起来吧，我要做一只小狗！"

贤贤："你看！我这是个小蘑菇。"

嘟嘟："我把长长的石头都涂成了绿色，把这些石头放进小盆里，就变成盆栽啦！"

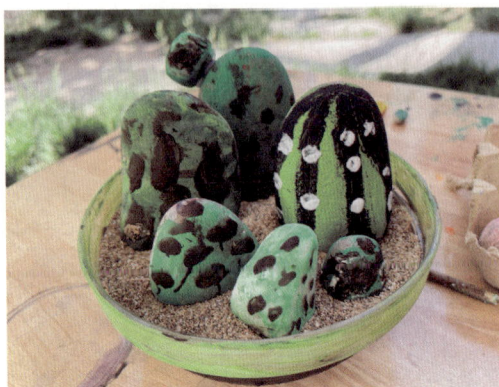

教师思考：

教师会一直追随着幼儿的游戏动态，积极捕捉游戏中的教育契机，并给予适时的支持与回应，不断地推动幼儿涂鸦游戏的开展。

▶ **活动评价**

（一）幼儿

随着活动的深入开展，孩子们把涂鸦区变成了一场石头展，他们自己设计、制作、展览等，每一个孩子都变成了活动的主角。经过一番策划与制作，石头变成了一盆盆逼真的仙人掌、美丽的石头小花和茁壮的大树、调皮的表情娃娃……孩子们用自己的方式为石头赋予了新的生命。小小的石头原来可以这么"多变"，将不同的材料与石头结合，它们就会变得与众不同。

（二）教师

从无意识地乱涂乱画到能够加入自己的想法并专注地完成作品，孩子们的涂鸦兴趣、专注力和想象力都有所提升。在整个涂鸦游戏中，教师尊重孩子的原始天性和个性表达，关注孩子的内心需要和自我释放，孩子们在玩中学，学中玩。正如著名教育家陶行知先生所说：让孩子从单纯的课本中解放出来，回归大自然、大社会，成长为立体、开放且生动的"活人"。

（石家庄市桥西区万科翡翠园幼儿园　张佳炜）

微信扫码

● AI 教学助手
● 内容图谱
● 知识图卡
● 保育笔记

四、对大自然和身边事物有广泛兴趣

著名教育家陈鹤琴先生曾说："大自然、大社会都是活教材。只有大自然、大社会才是知识的真正来源，是活的书、活的教材，即让儿童在与自然、社会的直接接触中，在亲身观察中获取经验和知识。"《指南》中指出："我们应支持幼儿在接触自然、生活事务和现象中积累有益的直接经验和感性认识。"《纲要》中科学领域的目标是："爱护动植物，关心周围环境，亲近大自然，珍惜自然资源，有初步的环保意识。"大班幼儿喜欢亲近自然，生活中各种各样的自然物对幼儿来说既熟悉又陌生，通过幼儿对常见的自然物的探索，让孩子们能够亲身走进大自然，感受自然界中存在的奥秘，促进幼儿科学认知的发展，培养幼儿主动关注身边事物和自然现象的意识，激发幼儿亲近大自然的积极情感。

大自然是一本活教材，当我们走近树木，看到树叶，触摸树皮、闻到花香，都会自然地吸引孩子们的探索兴趣。在春天万物生长的季节里，孩子们能够通过亲身体验，感受到生命的生长和绽放的悸动。这不仅是自然生长的过程，更是孩子们成长的过程，大自然就是孩子们最好的老师。

活动案例

视频二维码

大树的秘密

▶ **活动背景**

　　《指南》中指出："要经常带幼儿接触大自然，激发其好奇心与探究欲望。"在一次春日漫游中，孩子们发现幼儿园里的树木都发生了变化，有的大树先长出了绿叶，有的大树先开花，每种树的样子都不一样，但奇怪的是：大树上面为什么涂上绿色的颜料呢？是为了让大树更绿吗？是要在大树上面画叶子吗？带着孩子们的问题，我们开启了一次新的探索旅程……

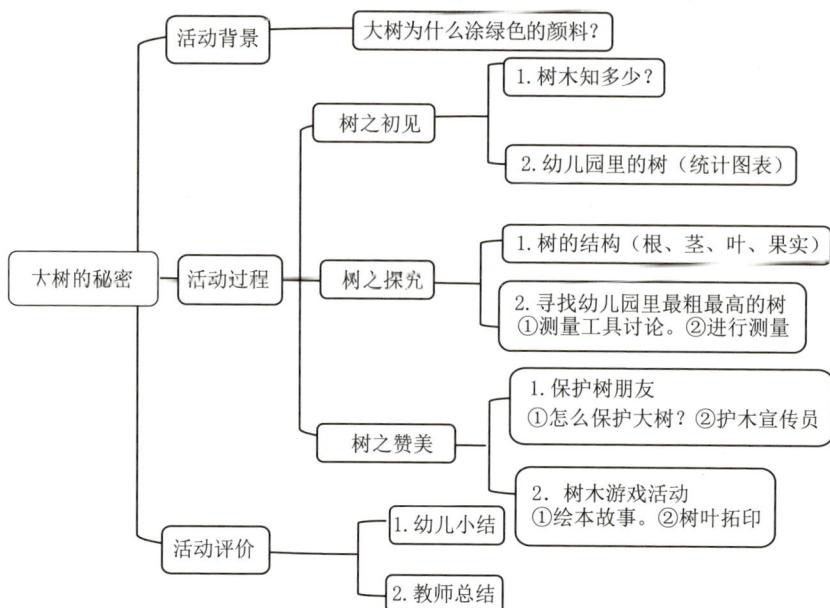

```
                                        ┌─ 活动背景 ──── 大树为什么涂绿色的颜料？
                                        │
                                        │              ┌─ 1.树木知多少？
                                        │    ┌─ 树之初见 ┤
                                        │    │          └─ 2.幼儿园里的树（统计图表）
                                        │    │
                                        │    │          ┌─ 1.树的结构（根、茎、叶、果实）
  大树的秘密 ──────────── 活动过程 ┤    ┤          │
                                        │    ├─ 树之探究 ┤  2.寻找幼儿园里最粗最高的树
                                        │    │          └─ ①测量工具讨论。②进行测量
                                        │    │
                                        │    │          ┌─ 1.保护树朋友
                                        │    └─ 树之赞美 ┤  ①怎么保护大树？②护木宣传员
                                        │              │
                                        │              └─ 2. 树木游戏活动
                                        │                 ①绘本故事。②树叶拓印
                                        │
                                        └─ 活动评价 ──── 1.幼儿小结
                                                       └─ 2.教师总结
```

▶ **活动过程**

（一）树之初见

1. 树木知多少？

孩子们认真观察了幼儿园里所有的树木，发现：

佳琪：“我知道，涂上绿色的颜料是为了让树更好看，就像长了很多叶子那样。”

安安：“那为什么不涂别的颜色？也有别的颜色的叶子。”

经过孩子们讨论，大家都没有准确的答案，孩子们觉得应该去问问涂绿色颜料的人。

经过对保安师傅的采访，了解到涂上绿色的颜料是对树木的一种保护措施，而且不同的颜料有不同的作用。

2. 幼儿园里的树

天天："老师，你知道咱们幼儿园有多少种树吗？"

教师："要不然咱们一起去看一看，数一数。"

孩子们开始对树木进行认真观察，然后根据树的叶子、花朵和果实不同的树的数量进行统计。

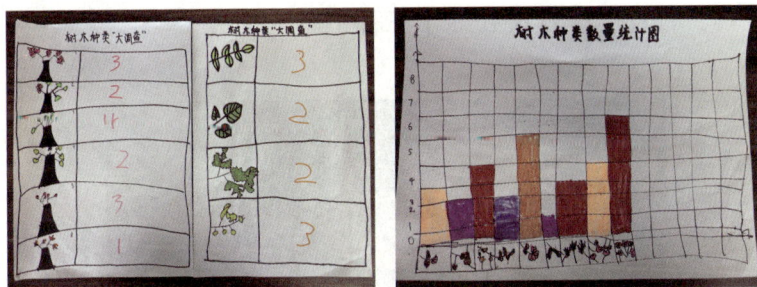

教师思考：

幼儿既是问题的生成者，更是问题的解决者。我们要引导幼儿主动去探究、去发现、去感受。孩子们发现大树上涂上绿色的颜料后，对于为什么会在树上涂颜料这问题，孩子们相互讨论、寻找答案，而老师就要做到保护好孩子们的探究兴趣，给予孩子们支持。

（二）树之探究

乐乐："这里的树不是只有叶子和花朵不一样，树的粗细也不一样，有的粗、有的细，还有高的、有低一点的。"

芊羽："我知道，因为大树和人一样，有的人长得高，有的人矮，有的人胖，有的人瘦。"

教师："那根据你的观察，你找到最粗、最高的那棵树了吗？"

芊羽："还没有。我觉得这棵树比较高，但是好像那棵树也挺高的，我也不知道了。"

佳琪："量一量就知道了。"

可是怎么量？孩子们开始热闹地讨论起来。孩子们开始寻找相应的工具，有直尺、软尺和绳子三种工具。

杨杨："用这个直尺量吧，这个长一点，测量更多。"

乐乐："不行，树是弯的，尺子不能拐弯，用这个软尺。"

杨杨："我先抱着树，然后用这个尺子再量我的胳膊就行啦。"

根据小组制定方案，孩子们分成两组开始测量。根据每个小组的结果统计制成调查表，最终大家一致认为是我们幼儿园的梧桐树最粗。

安安："这棵树好高呀，我的尺子都够不到，得需要很长的尺子才行，但我们没有很长的尺子。"

这时，孩子们小小的眼睛里充满着大大的问号。于是，我带着小朋友们站到太阳下，请小朋友们观察影子。很快，孩子们得出结论：个子高的，影子也长；个子矮的，影子也短。

于是，孩子们开始了新一轮的测量，最终发现还是最粗的树木长得最高。

教师思考：

《指南》指出："能用数字、图画、图表或其他符号记录。支持鼓励幼儿在探究过程中积极动手动脑寻找答案或解决问题。"这次树之探究中，孩子们能够制订计划，选择合适的测量工具，通过实际操作，验证自己的方式，并记录结果。

（三）树之赞美

随着孩子们对树木的不断探索，孩子们对大树充满了好奇。

佳琪："我在路上看到大树上面缠着胶带，妈妈说是粘虫子的。大树怕虫子吗？"

安安："我们去露营的时候，就在大树下面，可凉快了，爸爸用树枝给我编过帽子。"

教师思考：

孩子们带着自己的问题，回家采访了爸爸妈妈，然后与小朋友们一起分享。后来孩子们也成了树木宣传员，每日小任务是维护幼儿园树木生长，然后孩子们利用树叶拓印画画，将春天永远留了下来。

▶ **活动评价**

（一）幼儿

乐乐："大树是我们的朋友，它能保护我们的地球，保护我们的生命。"

芊羽："大树有很多作用，我们的桌子和椅子就是大树做的，大树还能做成纸、筷子，大树还能净化空气，让我们不生病，所以我们要保护大树，让它快快长大。"

（二）教师

"大树的秘密"是对幼儿兴趣的捕捉，对活动价值的梳理，对幼儿问题的回应生成了班本系列活动。活动中，经过孩子们不断地交流讨论、制订计划、合作调查、搜集资料、统计分析等解决问题的过程，发展了孩子的倾听与表达以及书写能力，同时提升了孩子们科学探究与数学认知的能力。活动还未结束，接下来，教师会追随着孩子们的兴趣继续探究，期待会有更多关于大树的秘密被孩子们发现……

（石家庄市桥西区万科翡翠园幼儿园　焦韵雪）

五、用数学的方法解决日常生活中的问题

培养幼儿解决实际问题的能力是做好幼小衔接工作的一项重要内容，在幼儿日常活动中蕴藏着各种各样的数学认知活动。2021 年 4 月教育部出台的《幼儿园入学准备教育指导要点》中强调，要引导幼儿尝试用数学的方法解决生活中的问题，提出了引导幼儿尝试用数学的方法解决日常生活中的问题。发现和学习解决生活中和数学有关的问题，如通过统计每天出勤人数、测量记录身高和体重的变化、自主管理进餐和睡眠时间等方式，帮助幼儿体验运用数学方法解决问题的乐趣。

《指南》中明确指出：3 ～ 6 岁儿童应当具有感知和理解数、量及数量关系。可见，幼儿园期间科学学习的核心是激发探究兴趣、体验研究过程，发展初步的探究能力。培养幼儿用数学思维解决生活中实际问题的能力，可以为幼儿积累丰富的非正式数学经验，发展数学应用能力，萌发数学问题意识。教师和家长要支持幼儿运用已有数学认知经验解决问题，亲自参与探究数学问题解决过程，注重运用数学语言进行师幼交流，提高幼儿用数学思维解决生活中实际问题的能力。

活动案例

有趣的统计

视频二维码　　　视频二维码　　　视频二维码　　　视频二维码

▶ **活动背景**

《指南》中指出，大班幼儿能用简单的记录表、统计图等，表示简单的数量关系。在现实生活的情境中有效地融入数学的学习，更有助于幼儿理解和掌握统计的知识，幼儿勇于挑战且乐于探索。点名环节，小朋友们惊奇地发现大家名字的字数并不相同，对于这一发现大家展开了激烈的讨论。关于名字，小朋友们有什么不同的见解呢？于是，名字的探索之旅就这样开始了……

📖 微信扫码

● AI 教学助手
● 内容图谱
● 知识图卡
● 保育笔记

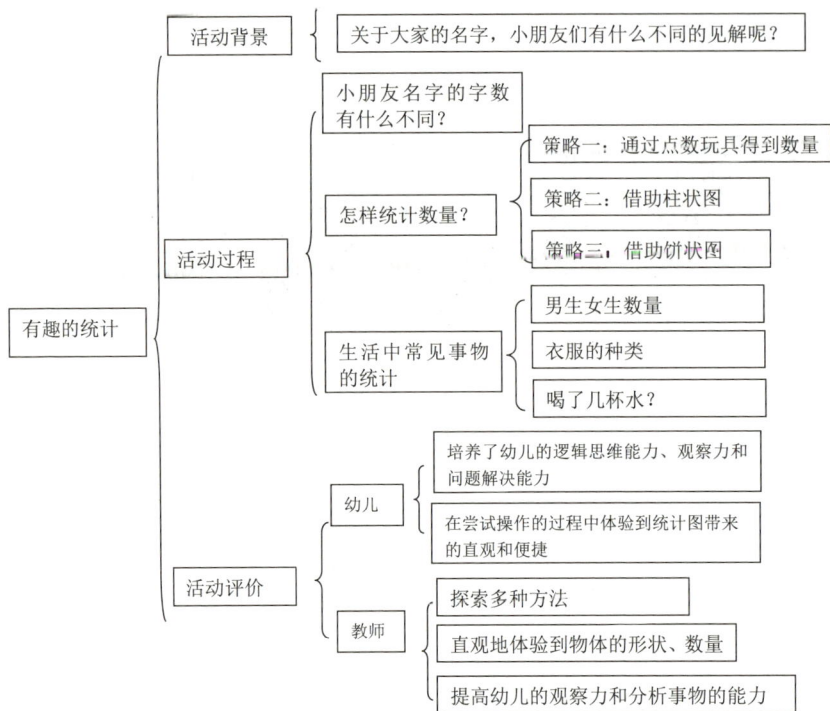

```
                    活动背景 ┤ 关于大家的名字，小朋友们有什么不同的见解呢？

                             ┌ 小朋友名字的字数
                             │ 有什么不同？
                             │                    ┌ 策略一：通过点数玩具得到数量
                             │ 怎样统计数量？ ┤ 策略二：借助柱状图
                    活动过程 ┤                    └ 策略三：借助饼状图
                             │
                             │                    ┌ 男生女生数量
有趣的统计 ┤                 └ 生活中常见事物 ┤ 衣服的种类
                             │   的统计            └ 喝了几杯水？
                             │
                             │          ┌ 幼儿 ┤ 培养了幼儿的逻辑思维能力、观察力和
                             │          │        │ 问题解决能力
                             │          │        └ 在尝试操作的过程中体验到统计图带来
                    活动评价 ┤          │          的直观和便捷
                             │          │        ┌ 探索多种方法
                             └ 教师 ┤ 直观地体验到物体的形状、数量
                                        └ 提高幼儿的观察力和分析事物的能力
```

活动过程

（一）小朋友名字的字数有什么不同？

点名结束后，孩子们发现，一一的名字只有两个字，可是欣欣的名字却是四个字。

果果："我的名字也是两个字。"

欣欣："我的名字是四个字，和你们的都不一样。"

涵涵："我的名字有三个字。"

老师："你们知道咱们班小朋友的名字中，有几个人的名字是两个字？有几个人的名字是3个字吗？"

果果："我数一数就知道了。"

媛媛："用笔记一下，数一个人画一个圆圈。"

教师思考：

统计是幼儿感知和理解数量关系的一个重要途径，与幼儿的生活密切相关。统计还能够发展幼儿的观察力和归纳能力。如何更加直观、清晰地看到数量的不同，需要教师带领幼儿以多种好玩的形式进行统计活动，让幼儿进一步体会到数学在生活中的有用和有趣。

（二）怎样统计数量？

策略一：通过点数玩具得到数量

朵朵："名字有两个字的小朋友拿一个圆形插塑；名字有三个字的小朋友拿一个三角形插塑。"

果果："4 个小朋友的名字是两个字，20 个小朋友的名字是三个字。"

漫漫："欣欣没有拿玩具，因为她的名字是四个字。"

通过分发玩具，将玩具摞在一起的方式，小朋友们数出了名字是两个字和名字是三个字的数量。

策略二：借助柱状图

通过画格子的方法画柱状图，请名字是两个字的小朋友站一队，名字是三个字的小朋友站一队，名字是四个字的小朋友站一队，每个小朋友涂一个方格，不仅可以统计数量，还可以进行比较大小、多少，加减法，更加直观形象。

策略三：借助饼状图

通过圆心将圆形分成三部分，一部分较大，一部分较小，还有一部分最小。可以清楚地看到，班级内名字是三个字的小朋友最多。

（三）生活中常见事物的统计

通过名字的趣味统计活动，有互动、有实践，孩子们兴趣高涨，参与积极性很高。教师抓住这一学习契机，带动孩子们探索和发现更多生活中需要用到统计方法的地方吧！

1.男生女生数量

可以请男生女生分别拿不同的玩具，男生拿圆形的插塑，女生拿方形的插塑，然后统计出男生女生分别有多少人。

2.衣服的种类

在柱状图的格子下边分别标注上衣、裤子、裙子等图案，然后将与之相等数量的格子涂上颜色，就可以统计出有多少件上衣，多少条裤子，多少条裙子了。

3.喝了几杯水？

趣味统计活动让幼儿每天记录自己的喝水数量，大大提高了孩子们按需喝水的自主性，无形中解决了有的孩子不喝水、喝水少的问题。

▶️ 活动评价

（一）幼儿

以名字的统计活动为契机，幼儿体验了多种有趣的统计方式，并且使用统计的方式进行了多种活动的统计。不仅培养了幼儿的逻辑思维能力、观察力和问题解决能力，而且使幼儿在尝试操作的过程中体验到统计图带来的直观和便捷。

（二）教师

如何让幼儿感知数学在生活中的有用和有趣是值得探讨和深思的。在本次统计活动中，以趣导航，幼儿玩中学，通过探索多种方法，在操作过程中理解统计概念，直观地体验到物体的形状、数量以及它们的关系，并且提高了幼儿的观察力和分析事物的能力，这为幼儿数学发展奠定良好的基础。

（石家庄市桥西区第三幼儿园龙湖天璞分园　靳亚楠）

"积"与"数"的碰撞

视频二维码

▶ **活动背景**

《指南》中，幼儿数学教育的目标之一是"鼓励和支持幼儿发现、尝试解决日常生活中需要用到数学的问题，体会数学的用处"。在幼儿园的一日活动中，处处隐含着数学的内容。孩子们升入大班后，幼儿园生活即将画上句号，对于小学孩子们有无限的好奇与向往。"你向往的小学是什么样子的？"这个问题让孩子们七嘴八舌地讨论起来。于是，我们决定动手搭建一所孩子们心中的小学。随着搭建的深入，孩子们数学知识的应用也慢慢显现出来。

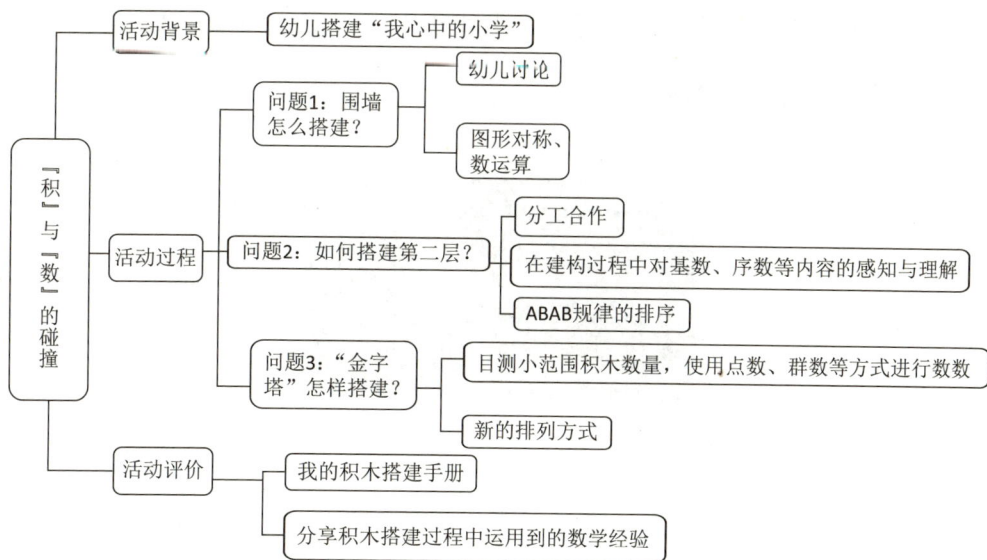

```
                    ┌─活动背景──── 幼儿搭建"我心中的小学"
                    │
                    │              ┌─ 幼儿讨论
                    │   问题1：围墙─┤
                    │   怎么搭建？  └─ 图形对称、
                    │                 数运算
  「积」             │
  与        ────────┤              ┌─ 分工合作
  「数」             │   问题2：如何搭建第二层？─ 在建构过程中对基数、序数等内容的感知与理解
  的                │   活动过程   └─ ABAB规律的排序
  碰撞               │
                    │   问题3："金字──┬─ 目测小范围积木数量，使用点数、群数等方式进行数数
                    │   塔"怎样搭建？  └─ 新的排列方式
                    │
                    └─活动评价──┬─ 我的积木搭建手册
                               └─ 分享积木搭建过程中运用到的数学经验
```

169

▶ **活动过程**

（一）围墙怎么搭建呢？

首先进行围墙的搭建，围墙用大块长方形积木组成，积木方向一致，有序排列，首尾相连。建筑的长边是由六块镂空积木组成，短边是由四块长方形镂空积木组成，边与边之间平行、对称，且数量相同。

亮亮对优优说："教室的长边是六块积木，短边是四块积木，别放错了。"

优优一边摆放一边数数，"这边是1、2、3、4、5、6六块积木，短边是1、2、3、4四块积木，那长边和短边加起来一共有十块积木。"

亮亮："那房子围一圈就是二十块积木，我们已经摆完十块积木了，再搬过来十块就够了。"

教师思考：

孩子们在摆放积木的时候，提到了对称，为了达到两边一样长、一样宽，在摆放积木时，幼儿是通过一边数数一边摆放，最后通过点数后说出总数的方式进行统计。孩子们通过观察房子的形状，发现对称边的围墙，发现积木数量相同，通过比较得出还需要再搬十块积木就可以围成一圈，这些展现了孩子们在游戏中运用实物进行数运算的能力。

（二）如何搭建第二层？

第二层采用三角形状的积木和圆柱形积木交替摆放的模式。

糖糖："三角形的积木是小树，我们要保证每个小朋友一人一个，我们班一共26名，我们就需要摆放26棵小树。"

优优说："圆柱积木是路灯，这样晚上学校里面也是很亮的，和白天一样。"

亮亮："我们在两个小树中间摆放一个路灯，就是一棵小树一个路灯，一圈都是这样摆放的。"

教师思考：

通过数数和对比的方式进行排列，积木排列的规律是 ABAB 式，大班幼儿在数学认知上已经可以进行简单的比较排序，并把这些知识应用到游戏当中。

（三）"金字塔"样的建筑要如何搭建？

小雨："我看纪录片里面的金字塔特别雄伟，我们也搭一个吧！"

优优："小学的操场很大，我们可以搭在操场上。"

金字塔搭建好了。

老师："能给我讲讲你们是怎么搭建的吗？"

优优："我们是先在地上摆放了 12 块小积木，积木和积木之间留点空，然后开始摆放第二层积木，因为我们是在两个积木的肩膀上摆放一个积木，这样第二层摆完是 11 个，比第一层少一个。接着摆放第三层，上一层都比下一层少一个，从 12，11，10，9......1，越往上摆放积木越少，直到最后只能摆一块积木。"

糖糖："我来从下往上数，我们一共摆了 12 层呢。"

小雨："我从左边数和从右边数都是十二层，两边一样的，就像个大三角形。"

糖糖："而且最顶上我还摆放了一个积木，这样看起来就更像金字塔了！"

教师思考：

游戏中出现了新的有规律的搭建模式，一层比一层多 1，在递增递减的积木排列中建立数感。同时，他们通过从下往上数是 12 层，从左边开始数到顶层也是 12 层，从右边开始数到顶层也是 12 层。他们从不同角度方向反复验证答案。在数数时，孩子们不仅可以进行正序说数，还可以进行倒序说数，从 1 到 12，再从 12 到 1，学会了不同计数方式。

▶ 活动评价

（一）幼儿

幼儿搭建出一个长方体当作小学的"地基"，说明幼儿知道地基类似一个长方形，并能根据其特点搭建出来。在搭建过程中，加深了幼儿对图形的理解和认识。幼儿利用材料的大小、厚薄、粗细、形状等不同特点，通过平铺、排列、垒高、围合、架空等形式进行搭建自己喜欢的作品。在搭建的过程中，孩子们通过点数、排序、比较、观察、分类等等，在体验与操作的过程中感受用数学的方法解决建构问题。

（二）教师

在自主游戏中，教师观察和倾听孩子们的探究与交流，挖掘日常生活中的数学元素，引导幼儿运用数学思维和方法解决实际问题。支持幼儿的数学感知、操作和体验得以充分展现，这也为他们以后的数学学习做了更充分的准备。教师还应思考和探索如何更好地培养幼儿的数学思维，帮助他们科学度过幼小衔接阶段。

（石家庄市桥西区留村家园幼儿园　尹艳婧）

第四章
家园合作

《评估指南》视角下家园合作

《评估指南》对于教育过程中家园共育工作作出了明确的说明，为实际开展家园工作指明了方向。《评估指南》中提出幼儿园要与家长建立平等互信关系，教师及时与家长分享幼儿的成长和进步，了解幼儿在家庭中的表现，认真倾听家长的意见和建议。进一步强化了家园协同育人，指引教师把家长带入教育的主阵地，幼儿园应使家长有机会体验幼儿园的生活，引导家长理解教师工作对幼儿成长的价值，尊重教师的专业性，积极参与并支持幼儿园的工作，成为幼儿园合作伙伴。在日常生活中可以通过家长会、家长开放日等多种途径，向家长宣传科学育儿理念和知识，为家长提供分享交流育儿经验的机会，帮助家长解决育儿困惑。在与家庭、社区密切合作中，积极构建协同育人机制，充分利用自然、社会和文化资源，共同创设良好的育人环境。这让我们认识到，家庭、幼儿园、社区三者合作是幼儿园工作的重要内容，多样化的家园共育形式是促进幼儿健康成长的有力保障。

活动案例

学会做任务　　视频二维码　　视频二维码

▶ 案例背景

　　大班是幼小衔接的关键时期，具备任务意识和执行任务的能力有助于幼儿适应小学的学习生活。在幼小衔接过程中，教师会不定期地向幼儿布置任务，在班级中利用"值日生""小组长"等岗位培养幼儿的任务意识。但在培养幼儿任务意识的过程中，也存在一些问题，如幼儿的任务记录与完成依赖成人提醒；幼儿缺少对任务经验的梳理等。

▶ 案例描述

　　进入大班，老师把任务的主角转换为幼儿本身，经常在放学后布置小任务回家完成，心心好几次都没有完成任务。

　　教师："心心，你为什么没有完成小任务？"

　　心心："老师，我妈妈没有跟我说有任务。"

　　教师："现在，你已经上大班了，需要自己记住自己的任务，不能再依靠大人了。"心心很痛快地点点头，但是第二次还是没有完成。

　　心心："老师，我忘记有任务了。"

教师："那你有没有把任务记录到任务本上？"

心心："我忘了记录。"

经过教师提醒，心心能把任务每天进行记录，但还是无法完成。

经过心心的事情，教师发现，很多小朋友不会正确地记录任务，于是在班级分小组进行讨论：有哪些记录任务的好办法？经过讨论孩子们总结了几种方法：记录的时候要有完成时间和具体内容；要根据任务发布的时间一页一页地记录；任务完成后画上一朵小红花或者一个赞的手势奖励自己；与其他小朋友相互检查记录本等。

▶ 案例分析

本阶段的幼儿任务意识比较弱，这与他们的年龄特征、心理特征和教育内容有关。此案例中幼儿一开始任务意识薄弱，没有把自己代入任务中去。培养幼儿任务意识应促使幼儿对于任务活动的认知发生转变，从被动接受任务到主动选择任务，甚至能够主动生成任务。经过教师引导，幼儿增强了任务意识，但是缺乏记录任务的好方法。案例中教师针对幼儿的问题在任务完成不同环节作出了相应的对策，如使用"小组合作"的策略，帮助幼儿提升学习的积极性和主动性，潜移默化中增强幼儿的任务意识。

▶ 教育策略

1.触发幼儿任务意识，增强幼儿主动性

教师与家长可以和幼儿一起制订计划表，选择一些幼儿喜欢的活动，将其设置为幼儿每日计划的内容。幼儿通过一项项计划表的任务落实，发展了幼儿的任务意识，从而培养幼儿坚持不懈的好习惯以及积极主动去完成任务的意识。

2.鼓励幼儿自主生成任务

家长要学会放手，让幼儿成为任务的主人，鼓励幼儿自主生成任务并完成，而成人则成为幼儿的支持者、合作者。

3.家园共育，落实任务意识

家长与幼儿园应保持密切联系，加强交流沟通，共同敦促幼儿完成各项任务计划，形成教育一致性，共同培养幼儿的任务意识。

▶ 家庭建议

1.与孩子共同阅读有关任务意识的绘本，帮助孩子加强任务意识。

2.家长可以鼓励幼儿参与力所能及的家务劳动，制订家务劳动计划，有计划地完成家务劳动，如摆放碗筷、餐后整理餐桌、洗碗、扫地、扔垃圾等。

（石家庄市桥西区万科翡翠园幼儿园　宋腾飞）

阅读促成长

▶▶ **案例背景**

　　研究发现，幼儿期是培养阅读兴趣的关键期，早期阅读行为的建立有助于提高幼儿的思维、想象、语言表达等多种能力，可为终身学习打下坚实的基础。早期阅读对幼儿发展有重要意义，家庭和幼儿园作为幼儿成长学习的重要环境，家园共育能从多角度共同开发幼儿教育资源，拓展教育阵地，为教师和家长提供一个交流沟通和经验共享的机会。

▶▶ **案例描述**

　　臻臻和程程进入阅读区各自选了一本书静静地一页一页翻看，彼此没有交流，刚开始她们从封面依次往后翻，很快一本书就翻完了，程程将书放回书架换了另一本书，继续翻看，又过了一分钟，程程第二次去换书，可她看了一会儿又去换了一本绘本，紧接着，臻臻小朋友的书也看完了，她看了看书架，换了一本继续开始阅读，在这整个阅读环节中，两个人没有交流。

　　老师看着她们一直在毫无目的地翻书，于是随机拿起一本书，在旁边读了起来，小朋友被老师读的故事吸引了过来，老师和他们一起看完了整个故事，然后对他们说："小朋友们，看书的时候不要着急哦，要一页一页地仔细翻看绘本上有哪些有趣的事情。你们也可以两个人共读一本书，一起讨论书上有哪些内容。"听老师说完，臻臻立刻去换了一本《彩虹色的花》，程程小朋友也坐到了她旁边一起阅读讨论，臻臻说："这是一朵彩虹色的花。"程程说："这有一只小蚂蚁，它要去干什么呀？"两人翻了一页说："它好像是在游泳，用花瓣当小船。"两人继续向下阅读，看到了许多小动物，也看到了彩虹花的花瓣一片一片减少，她们又开始进行讨论。

▶ 案例分析

在本次的案例中，两位小朋友出现的现象是频繁换书，为什么幼儿会出现这种现象呢？原因可能有以下两点：

1.看书方式有问题，幼儿不能准确观察画面内容或者对画面上的内容不能理解。

2.幼儿对现有图书不感兴趣，放在图书区的图书因为长时间不进行更换，幼儿对图书失去了兴趣，加上幼儿的注意力持续时间短，没有兴趣完整阅读绘本故事。

▶▶ 教育策略

面对幼儿的阅读兴趣和阅读习惯的培养问题，教师和家长应该进行主动积极的引导，做到家园联合培养。

1.增加幼儿感兴趣的图书，教师会经常带领幼儿去绘本馆进行阅读，那里的书种类全，数量多，孩子们能够选择自己感兴趣的书，家长也可以在家为孩子选择他们感兴趣的图书。

2.在幼儿园里，老师利用几个时间点有效地对孩子进行口语表达能力的训练：如晨间播报、饭后故事会、离园故事会等，给幼儿创造机会。家长也可以在家设定专门的阅读时间，如利用周末或是晚上的时间深度陪伴孩子，给他们讲故事，念儿歌，进行亲子谈话等。

3.有意识地教幼儿看书的方法，比如告诉孩子看书时要一页一页有序地翻看每一个画面，认真观察人物表情动作的变化，并引导幼儿将画面内容大胆地表达出来。

4.让幼儿带着问题看书，家长带领幼儿看前半部分，给他们预留问题，让幼儿带着问题去看书，帮助幼儿学会阅读的技巧和方法，在阅读时，家长要注意阅读的语速和语调。

5.家里的书橱、书架上，甚至包括茶几上、床头柜上等，摆放一些能吸引孩子阅读兴趣的书籍，让孩子随时随地能看到书、拿到书。提供一个安静温馨、光线充足的环境，让孩子可以在轻松、自在的环境里享受阅读带来的乐趣。

6.家长应该放下手机，经常拿起书本，沉浸在阅读中，以身作则，当孩子产生了阅读兴趣之后，我们就可以陪伴孩子一起阅读，这样的共读不仅能培养孩子的阅读习惯，还能增进亲子感情。

家庭建议

1.家长及时更换图书，创设安静温馨的阅读环境，制订合理的阅读计划，定期带幼儿去图书馆等场所，营造良好的阅读氛围。

2.设立家庭读书日，家长放下手机，拿起书本，以身作则。

3.方法训练提升阅读兴趣和能力。

（1）听读训练法——家长利用有声读物让幼儿爱上阅读。

（2）讲述提问法——家长与孩子坐拥在一起，家长边讲边提问，引导孩子理解阅读材料。

（3）设置悬念法——在阅读时，家长为幼儿设置一些有趣又神秘的悬念，激发幼儿求知欲。

（4）延伸想象法——在阅读活动中，家长鼓励孩子想象故事情节，并引导幼儿大胆表述之后的情节，尽量采用"诱导"的方式，切忌强求孩子和打击孩子的积极性。

幼儿阅读习惯和阅读能力的培养是一个日积月累的过程，不可一蹴而就，在这个过程中，需要教师给幼儿正确的引导，同时需要家长的积极配合。

（石家庄市桥西区留村家园幼儿园　李瑞星）

生活自理，快乐自立

视频二维码

▶ 案例背景

《幼儿园入学准备教育指导要点》指出，较强的生活自理能力有助于幼儿做好入学后学习和生活的自我管理和服务，增强独立性和自信心。良好的生活自理能力对幼儿的身心健康和全面成长起着至关重要的作用。幼儿从幼儿园进入小学是一次重要的转折，是幼儿走向自立的艰难历程。因此，如何有效地培养幼儿生活自理能力，快乐适应小学阶段的学习生活，一直是家庭和幼儿园共同关注的问题。

▶ 案例描述

午睡起床时，大部分幼儿已经穿好衣服整理好被子喝水时，壮壮仍然在不紧不慢地穿衣服，10分钟过去了，壮壮依然没有下床，并时不时停下来呼唤老师说："老师，请你帮我穿一下，我穿不上。"

吃过午点后，壮壮进行搭建游戏活动。结束时，壮壮把积木随意地摆放在积木柜上，有一块积木还落在了角落……当教师与壮壮家长沟通后，发现壮壮在家玩玩具也从不收纳整理，穿衣吃饭更是不慌不忙，家长却毫无办法，每天上幼儿园都是催促，有时时间来不及，只能快速帮助壮壮完成。

▶ 案例分析

《指南》健康领域指出，幼儿具有基本的生活自理能力，大班幼儿能按类别整理好自己的物品。案例中壮壮认为只把物品放进柜子里就行，并未按积木形状分类别摆好，缺乏良好的整理物品意识。

心理学家阿尔佛雷德在《儿童人格教育》中指出，一个有拖延习惯的儿童背后，总会有一个事无巨细为其整理收拾的人。通过与家长的沟通了解到，家长经常会包办代替，使壮壮缺少自我锻炼的机会，并且依赖成人，认为如果自己没有做好或者没有做到，父母和老师也会来帮忙，因此形成了心理上的惰性，影响了壮壮独立自主能力的发展。家长反复催促容易导致孩子缺少一些诸如时间管理和自我服务等生活技能的练习。

▶ 教育策略

面对幼儿自理能力培养的问题，家长和老师要科学地引导：

1.在生活中为幼儿提供自我服务的机会。通过自主穿脱衣服、自主取餐等生活活动，鼓励幼儿自己的事情自己完成，采用示范、比赛、榜样教育等形式，让幼儿在实践中掌握生活技能。家长应转变教育观念，给幼儿提供做家务劳动的机会，让幼儿自主选择力所能及的家务，耐心告诉幼儿正确的方法。

2. 在游戏中培养幼儿的生活自理能力。教师根据幼儿的不同年龄段创设符合其发展的游戏环境。大班幼儿可以利用"建筑工地游戏"引导幼儿练习快速有序分类摆放积木。家长与幼儿一起参与"快递打包员"的游戏活动，培养幼儿分类归纳整理物品的能力。也可借助儿歌、绘本锻炼幼儿自主解决生活问题的能力。

3. 在时间管理中培养幼儿生活自理能力。通过"1分钟挑战"等多种活动让幼儿感知时间，能合理安排时间。共同规定时间，同时要让幼儿承担超时带来的"后果"，如果没有按时完成事情就会付出相应的代价。家长可以陪幼儿一起选购喜欢的闹钟，教给幼儿调好闹钟的方法，让幼儿自己管理时间。对于喜欢拖延的幼儿，采用"限时法"和倒计时，增强时间感。

▶ **家庭建议**

1. 家长和幼儿一起制作"我是家务小能手"家务清单。

2. 家长和幼儿一起进行亲子阅读《整理书包自己来》《莱克的房间》等绘本故事。

3. 家长和幼儿一起制作一日时间计划表。

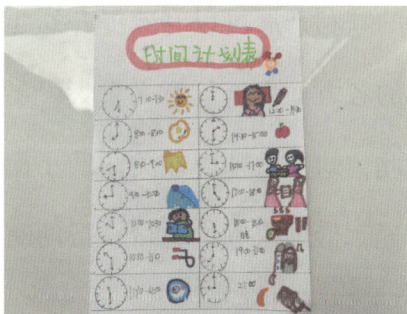

4. 家长和幼儿一起制作"守时小主人"记录本，做一件事情之前，告诉幼儿具体的时间范围。用哭脸或者笑脸让幼儿自己记录是否在规定时间完成，并制定奖罚规则。

（石家庄市桥西区留村家园幼儿园　岳林竹）

家园共育架起幼小衔接的桥梁

▶ **案例背景**

　　幼小衔接是幼儿在其发展过程中所面临的一个重大的转折期，其核心是让幼儿从身心准备、生活准备、社会准备、学习准备等方面适应小学生活。根据《纲要》的要求，幼儿园要与家庭、社区密切合作，综合利用各种教育资源，共同为幼儿的发展创造良好的条件。幼小衔接工作的顺利开展可以有效提升幼儿小学生活的适应程度，这对他们以后的各方面发展均意义重大。要知道，家长是孩子的第一任老师，因此，幼儿教师应在关注幼小衔接工作的同时，加强与家长之间的沟通，借助家庭的力量，帮助幼儿成功完成人生的关键转折。

▶ **案例描述**

　　游戏时间，听到几个孩子争执了起来……

　　安安："我哥哥也会背课文。"

　　涵涵："我姐姐说上小学才要写作业呢！"

　　溪溪："等我长大了也要去哥哥的学校上学。"

宥宥："我妈妈说上小学要写好多好多的作业。还得自己整理书包呢！"

沐沐："小学的操场很大，我们可以一起玩儿。"

原来是刚才玩的时候，小伟给小朋友们背了一篇课文，告诉小朋友们说，这是奶奶教给他的，他会背很多课文，每天从幼儿园回家还会做算术题、写字。

经过了解得知，原来是小伟的奶奶退休在家，每天下午把小伟从幼儿园接回来，总要拿着邻居家孩子用过的语文课本读给小伟听。小伟倒也乖巧，跟着奶奶说上三五遍，就能基本背出来了，奶奶逢人就夸孙子聪明。后来奶奶又教他写字，每天一页。一开始，小伟很高兴，一回家就嚷着要写字。可没几天就不愿意了。奶奶不想中途放弃，连哄带骗，要求小伟一定要写好一页字，才能下楼去玩。

▶ **案例分析**

1. 很多家长认为幼小衔接就是知识的提前准备，就是学习拼音、汉字和算术。幼小衔接不仅仅是知识的衔接，更是学习兴趣、学习习惯、社会适应能力的衔接以及生活经验的积累。

2. 案例中小朋友们认为背课文、做算术题、写字非常厉害。家长的错误引导违背了孩子的天性，没有尊重孩子的学习和发展规律。

▶ **教育策略**

1. 身心准备：了解小学生生活，激发幼儿向往小学的愿望

幼儿园联系学区小学达成教育共识，为幼儿及其家长创建参观、了解小学校园、小学生活的平台。在参观小学活动开展前，幼儿园须向幼儿及其家长发放调查问卷，围绕各个主题思考、提问，如上学及放学时间、校园基础设施情况、新学期学科课程内容等。为家长全面展示和解读幼小衔接的设计，并在组织实施中连贯地给家长具体任务和要求，争取家长积极配合承担家庭的责任，协助幼儿园老师做好幼小衔接教育。

2.学习准备：关注学习品质，培养幼儿优质学习习惯

在学前阶段，幼儿教师应保护幼儿的好奇心，培养幼儿倾听和提问的习惯，学习正确地表达和发言，主动地学习。

家长能够全面认识幼小衔接不仅仅是在课程安排、活动组织、教育要求、作息安排等方面向小学靠拢，更重要的是习惯、能力和心理上的衔接。幼儿园往往从小班一入园就已经在渗透和培养幼儿的学习习惯和各项能力，逐步为进入小学打好基础，使幼儿能够顺利过渡。

3.生活准备：调整作息，强化幼儿独立生活能力

幼儿须具备的生活能力较为多元，教师可将这些能力的培养、锻炼渗透于幼儿园生活的点滴中。强调因材施教，确保幼儿个体素质能力可符合小学校园学习需要。而这就需要幼儿教师及家长为培养幼儿独立自主的能力提供平台，培养幼儿生活技能。

4.社会准备：主动接受新环境，学做小学生

在幼小衔接节点，"家园"应耐心引导幼儿接受融入小学校园新环境，感知、顺应我国社会运转秩序，以我国社会主义核心价值观为导向，建立起浓厚的民族情感，坚定的爱国心理。家长还可向幼儿传递升入小学、进入社会的好处，使其健康发展。如在日常生活中偶遇警察执法时，家长即可向幼儿渗透执法为民、打击犯罪的社会责任，使幼儿建立起对警察职业的尊崇感、向往感，形成"成为

人民警察"的理想，自主接纳小学校园新生活，并在其中认真学习成为"追梦人"。

▶ 家庭建议

1.带孩子看看自己即将就读的小学，让他对这所学校有初步的了解。

2.听哥哥姐姐介绍学校学习与生活的情况，调动孩子上学的兴趣，激发他们上小学的愿望。

3.能说出父母的名字和工作单位、家庭住址、家中主要成员与自己的关系，尝试学习写自己的名字。

4.通过讲故事、朗诵古诗等方式培养孩子的观察能力和语言表达能力。

（石家庄市桥西区第三幼儿园　庄向荣）

微信扫码
AI 教学助手
内容图谱
知识图卡
保育笔记

附录：评估量表

参考文献

[1] 陈鹤琴 . 儿童心理之研究 [M]. 北京：商务印书馆，1925.

[2] 李敏 . 深度学习理论与实践 [M]. 长春：东北师范大学出版社，2019.

[3] 张俊 . 看得见儿童，找得到课程 [M]. 南京：江苏凤凰教育出版社，2021.

[4] 莫源秋 . 幼儿园教育研究新探 [M]. 南宁：广西人民出版社，2007.